Heinrich Düntzer

Erläuterungen zu Schillers Werken

28. Band

Heinrich Düntzer

Erläuterungen zu Schillers Werken
28. Band

ISBN/EAN: 9783743402690

Hergestellt in Europa, USA, Kanada, Australien, Japan

Cover: Foto ©ninafisch / pixelio.de

Manufactured and distributed by brebook publishing software
(www.brebook.com)

Heinrich Düntzer

Erläuterungen zu Schillers Werken

I. Entstehung.

Das großartig angelegte politische Drama von dem falschen Demetrius, das mit der blutigen Hochzeit zu Moskau schließen sollte, erregt unsere lebhaft gerührteste Theilnahme, weil es dem Dichter nicht gelang, die mit vollster Seele endlich nach gelungener Ausbildung der dichterischen Fabel ergriffene Vollendung dem Tode abzuringen. Eine ganz eigene Bedeutung gewinnen Schillers erhaltene Vorstudien und die begonnene Ausführung dadurch, daß sie uns einen tiefern unmittelbaren Blick in die schöpferische Werkstätte des Dichters gewähren, als sonst, selbst bei dem viel einfachern Plane der Malteser und dem weniger ausgeführten der Herzogin von Zelle möglich ist, Dank Goedekes vollständiger, freilich nicht glücklich geordneter Mittheilung der umfangreichen Aufzeichnungen, da die frühere von Körner und selbst die viel erweiterte von Hoffmeister ungenügend waren. Goedekes Text und Schillers handschriftliche Studien hat Robert Boxberger im achten Bande der Werke des Dichters in Kürschners „Deutscher Nationallitteratur" abdrucken lassen, auf welche wir diejenigen, welchen Goedekes „historisch-kritische Ausgabe" nicht zugänglich ist, verweisen müssen. Die kritischen Nachweisungen fehlen hier; freilich umsomehr ist zu bedauern, daß im Texte die

I. Entstehung.

nachträglichen Aenderungen nicht als solche bezeichnet sind, sondern verwirrend daneben herlaufen. Während die Vorstudien zu den vollendeten Dramen nach dem Gebrauch vernichtet wurden, haben die zu Demetrius, wie sie beim Tode des Dichters, wenn auch in buntem Durcheinander, vorlagen, sich erhalten. Freilich ein trauriger Ersatz für die unvollendet gebliebene Dichtung, aber sie gewähren uns das anziehendste Bild des Ringens des Dichters mit seinem Stoffe, des Ernstes, womit er seine Aufgabe erfaßt, der Grundsätze, welche ihn leiteten, und der schließlichen Entscheidung, die freilich in einzelnen unwesentlichen Fällen noch vor dem Drucke geändert werden konnte. Bisher ist dieser reiche Schatz nicht verwerthet worden.

Nach Vollendung des Tell faßte Schiller einen Stoff aus der russischen Geschichte ins Auge, zunächst veranlaßt durch die Verlobung des Erbprinzen von Weimar mit der russischen Großfürstin Maria Paulowna, deren Ankunft man schon im Frühjahr 1804 entgegensehen zu dürfen glaubte. Durch seinen wegen dieser Angelegenheit in Petersburg weilenden Schwager Geheimerath von Wolzogen erfuhr er, daß die Kaiserin von Rußland, eine geborene Würtembergische Prinzessin, ihm geneigt sei und ein Exemplar seines neuesten Dramas, der Braut von Messina, verlangt hatte. Schiller erwiderte, bei seinem Tell werde ihm der Gedanke ein Sporn sein, ihn in Gegenwart der Großfürstin und des Erbprinzen aufführen zu lassen. Als er Körner mitgetheilt hatte, der König von Schweden habe ihm bei seiner Anwesenheit in Weimar für seine Darstellung Gustav Adolfs in der „Geschichte des dreißigjährigen Krieges" einen Brillantring geschenkt, meinte dieser am 25. September: „Zu einem andern Brillantring könntest du leicht kommen, wenn du dem

1804. Ein Drama aus der russischen Geschichte.

Kaiser Alexander eine Galanterie machtest. Aber die russische Geschichte hat zwar genug gräßliche und traurige Begebenheiten, doch ich wüßte daraus keinen tragischen Stoff vorzuschlagen, besonders keinen solchen, der der Nation zur Ehre gereichte. Peter I. hat viel Interesse für die historische Darstellung, und er verdiente in gute Hände zu kommen. Der schwächliche Halem*), der ihn jetzt bearbeiten will, ist der Sache nicht gewachsen." Rußland mußte den Dichter, abgesehen davon, daß eine ihm gewogene russische Großfürstin als Erbprinzessin nach Weimar kommen sollte, schon deshalb anziehen, weil es ein ganz neues Land und Volk war, und gerade die Schwierigkeit dieser auf der Bühne ohne Zweifel sehr wirksamen Darstellung reizte ihn. Seit Karlos hatten seine Stücke außer dem Wallenstein in verschiedenen fremden Ländern gespielt, in Spanien, England, Frankreich, Italien und der Schweiz, und wenn ihm, obgleich er die Schweiz nie gesehen hatte, das Bild derselben und die Zustände des Landes der Berge und der Freiheit wunderbar sprechend gelungen, warum sollte nicht auch das patriarchalisch-despotische Rußland unter seiner Hand anschauliches Leben gewinnen? Wir wissen nicht, ob der Dichter sich zur Auffindung eines passenden Stoffes in einem besondern Werke oder in einer Weltgeschichte (er besaß die von Beck und von Millot) die russische Geschichte genauer angesehen oder ob ihm plötzlich die ihm in den Hauptzügen längst bekannte Gestalt des falschen Demetrius als Gegenstand einer großen geschichtlichen Tragödie aufgegangen, die er mit um so größerer Aussicht auf durchschlagenden Erfolg

---

*) Er hatte sich schon vor zwanzig Jahren am Wallenstein versucht (Erläuterungen S. 13). Seine dreibändige Biographie „Peters des Großen" wurde 1805 vollendet.

I. Entstehung.

dem Tell folgen lassen dürfe, als hier neben den Russen auch die in wilder, ungebundener Freiheit sich zerstörenden Polen und das Naturvolk der Kosaken auftreten sollten.

Noch vor Vollendung der Maria Stuart hatte ihn ein ähnlicher Stoff angezogen, jener Perkin Warbeck, der sich für Richard von York, den Sohn Eduards IV., ausgab. Hier war von der Geschichte selbst, wie er schon den 29. August 1799 an Goethe schrieb, so gut als gar nichts zu gebrauchen, aber die Situation sehr fruchtbar und die beiden Figuren des Betrügers und der Herzogin von Burgund als Grundlage einer frei zu erfin=
denden Handlung sehr brauchbar. Der Betrüger sollte sich seine Rolle, zu welcher er wie geboren war, so sehr zu eigen machen, daß es zu anziehenden Kämpfen mit denjenigen kam, die ihn zu ihrem Werkzeuge gemacht und als solches behandeln wollten, die Katastrophe sollte durch seine Anhänger und Beschützer, Liebes=
händel, Eifersucht und dergleichen herbeigeführt werden. Auf das glücklichste gestaltete Schiller hieraus eine dichterische Fabel, zu welcher er aus der Geschichte nur den als Richard IV. auf=
getretenen Lambert Simnel und den wirklichen, von Heinrich VII. verfolgten jungen Grafen Warwick, Eduard, den Sohn des Her=
zogs von Clarence, und einige sonst bekannte geschichtliche Per=
sonen, wie der englische Botschafter Sir William Stanley, benützte, sonst alle Verhältnisse zu seinem Zwecke ganz willkürlich verschob. Sein Warbeck war ein natürlicher Sohn Eduards IV., während er selbst den Grafen Klidare für seinen Vater hält; in der höch=
sten Noth klärt sich seine vornehme Geburt auf. Warbeck sollte seine Rolle mit einem gesetzten Ernst, mit einer gewissen Würde und eigenem Glauben spielen, ein Aberglaube, eine Art Wahn=
witz, seine Moralität retten helfen. Eine nach Selbständigkeit

strebende Natur ist in die Gewalt eines bösen Weibes gefallen, der er sich verkauft hat, der er seit dem ersten Schritt, den er auf dieser Bahn gethan, in allem folgen muß, was ihre herrsch=
süchtige Laune fordert; vergebens sucht er das unwürdige Ver=
hältniß zu veredeln, er ist an sie, an ihre Laune gefesselt, will er sich nicht als Betrüger bloßstellen.. Endlich gibt ihm in Folge seiner unerwarteten Anerkennung als Prinz von York durch den von ihm besiegten Simnel dieselbe Kraft, die ihn fähig gemacht, den Fürsten zu spielen, auch den Muth, sich der schimpflichen Abhängigkeit zu entziehen. Schiller freute sich dieser mittlern Art von Stoffen, welche die Vortheile des historischen Dramas mit dem erdichteten vereinigten, ja er meinte in augenblicklicher Freude über seine glücklich gestaltete Fabel, man würde wohl thun, immer nur die allgemeine Situation und die Personen aus der Geschichte zu nehmen, ohne zu beachten, wie sehr man doch die geschichtliche Wahrheit entstellt, wenn man mit geschichtlichen Zügen so frei umspringt, wie er es gethan hatte, sie bunt durch=
einander mischt. Doch dieser halb unbewußte Betrüger zog ihn immer wieder an, so oft er ein anderes Drama fast vollendet hatte, so auch im Anfange des Jahres 1804 vor dem Beschlusse des Tell. Er verrieth damals der in Weimar anwesenden Frau von Staël (Böttiger berichtet es unter dem 8. Februar), schon wieder habe er einen neuen dramatischen Plan zu bear=
beiten begonnen, und die zudringliche Französin wußte es her=
auszubringen, in welcher Zeit und wo das beabsichtigte Drama spiele, und daß eine englische Margarethe darin auftrete. Der uns vorliegende Plan muß schon damals vollendet gewesen sein, auch die wenigen ausgeführten Auftritte vorgelegen haben.

Aber auch jetzt ward aus dem Warbeck nichts: der falsche

Demetrius, dessen Schicksal gerade die umgekehrte Wendung nimmt, zog ihn viel mächtiger an, besonders da er bald fand, daß er aus ihm einen wirklichen tragischen Helden machen, eine ergreifende Handlung aus seiner Geschichte bilden könne, die ihm viel bedeutender schien, weil er wesentlich der Geschichte treu bleiben durfte und ihn zur Verherrlichung des in Rußland noch in weiblicher Linie regierenden Stammes der Romanows verwenden konnte. Am 18. Februar sandte Schiller den Schluß des Tell an Goethe, und schon sieben Tage vor Aufführung desselben, am 10. März, entschloß er sich, wie er in seinem Kalender vermerkte, zum Demetrius. Wir wissen aus Schillers Aufzeichnungen (Goedeke XV, 2, 324), daß der fünfte Band von Gerh. Friedr. Müllers „Sammlung russischer Geschichte" (1760) die Hauptquelle seiner Kenntniß der Geschichte dieses Betrügers war, dessen drittes und viertes Stück (S. 181—380) die Geschichte des Betrügers aus Chroniken und sonstigen Quellen darstellt, und auch die beiden ersten Stücke waren ihm von Bedeutung, da sie die Regierung des von jenem gestürzten Boris betrafen. Während er sich des ungewöhnlichen Erfolges seines Tell freute, hielt er sich trotz seiner Mißstimmung über die beschränkten weimarischen Verhältnisse und trotz des in seinem Hause herrschenden Keuchhustens an seiner Demetrius. In diese Zeit müssen die Auszüge aus Müllers Geschichte fallen, auch wohl die aus drei andern Werken, die er nach seiner eigenen Angabe benutzte, der Histoire de Russie par Pierre Charles Levesque (in der neuen Ausgabe von 1800), die ihm freilich für die Geschichte wenig Neues bot, Gottlieb Samuel Treuers von Müller benutzte „Einleitung Zur Moscovitischen Historie Von der Zeit an Da Moscov mit vielen kleinen Staaten zu einem

März und April 1804.

Großen Reiche gediehen, Biß auf den Stolbovischen Frieden Mit Schweden Anno 1617 (1720)" und der „Beschreibung des Königs=reichs Polen und Groß=Herzogthums Litthauen. Durch Dr. Ber=nard Connor... Aus dem Englischen übersetzt (1700)"; denn da Demetrius der Hülfe der Polen zum Einfalle in Rußland bedurfte und sein ganzes Unternehmen durch diese gefördert wie auch zu Grunde gerichtet wurde, so mußte er sich von dem pol=nischen Leben fast noch mehr als von dem russischen ein klares Bild zu machen suchen. Unter Schillers Auszügen aus Müller findet sich bereits eine Bemerkung über den Schluß seines Demetrius; denn hier heißt es: „Am Ende des Stückes, bei der Katastrophe des Demetrius, zeigt sich derjenige, welcher nachher seine Person spielen wird [der zweite falsche Demetrius, der behauptete, er habe sich aus Moskau gerettet, auch von Marina für ihren Ge=mahl anerkannt wurde], und entflieht mit seinem Siegel." An diesem Schlusse hielt Schiller auch später fest. Den 20. März be=richtete er Wolzogen nach Petersburg, seine beste Freude sei seine Thätigkeit, die ihn glücklich in sich selbst und nach außen unabhängig mache. Den Gegenstand seiner Thätigkeit verrieth er aus einer gewissen Scheu, die er auch anfangs beim Tell gehabt, diesem so wenig wie Körner, dem er am 20. April nur mittheilte, er gehe wieder frisch auf eine ganz neue Arbeit (im Gegensatze zum auf=gegebenen Warbeck) los und sei in ganz guter Stimmung dafür. So ging es fort, bis er am 26., in der berechtigten Erwartung eines Rufes als Theaterdichter nach Berlin, mit den Seinigen zur preußischen Königsstadt eilte.

Schon vor dieser Reise dürften die in seinen Papieren aus=geführten gegen und für das Stück sprechenden Gründe (S. 516) fallen. „Gegen das Stück läßt sich anführen: 1. Daß es eine

I. Entstehung.

Staatsaktion ist. 2. Daß es abenteuerlich und unglaublich ist. 3. Daß es fremd und ausländisch ist. 4. Die Menge und Zerstreuung der Personen schadet dem Interesse. 5. Die Größe und der Umfang, daß es kaum zu übersehen. 6. Die Schwierigkeit, es zu exekutiren auf den Theatern. 7. Die Unregelmäßigkeit in Absicht auf Zeit und Ort [die so vielfach wechseln].*) 8. Die Größe der Arbeit. Für das Stück spricht: 1. Die Größe des Vorwurfs und des Ziels [das Vordringen der Polen bis Moskau und der Sturz des mächtigen Zaren Boris]. 2. Das Interesse der Hauptperson. 3. Viele glänzende dramatische Situationen. 4. Beziehung auf Rußland [mit Rücksicht auf die Kaiserin und die Großfürstin von Rußland; der letztern verspätete Erscheinung erwartete man in Weimar gegen Ende des Jahres]. 5. Der neue Boden, auf dem es spielt [Polen und Rußland bis zum Norden]. 6. Daß das meiste daran [an der dichterischen Fabel] schon erfunden ist. 7. Daß es ganz Handlung ist. 8. Daß es viel für die Augen hat." Vom Anfang an stand es Schiller fest, daß Demetrius kein Betrüger, sondern der Betrug durch andere ins Werk gesetzt ist und er zufällig anerkannt wird, gerade im entschiedensten Gegensatze zu Warbeck. Wer er eigentlich gewesen sein soll, darüber war Schiller anfangs selbst mit sich in Zweifel. Aus Müller merkte er sich an (S. 356), daß er für einen Bastard des Königs Stephan Bathory von Polen ausgegeben worden**),

---

*) Auch gegen Tell hatte er die Bedenken gehabt, daß die Handlung dem Ort und der Zeit nach ganz zerstreut auseinander liege und größtentheils eine Staatsaktion sei (Erläuterungen S. 4).

**) Später merkte er sich ans Clearius (S. 350), Demetrius Otrepiew sei der Sohn eines Sinbojaren (eines Sohnes eines Bojaren), was freilich genauer schon von Müller (S. 194) berichtet ward.

Schillers erste Aufzeichnungen.

fragt aber darauf: „Soll er nicht endlich als Jwan Wasilowitsch' natürlicher Sohn erfunden werden?" Drei Seiten später lesen wir: „Es ist einer, welcher sich als Urheber des ganzen Ereignisses betrachten kann, der eigentliche Schöpfer vom Glück des Demetrius. Dieser ergötzt sich an dem Volkswahn und selbst am Wahn des Demetrius." Aus Müller hatte sich Schiller die Erdichtung angemerkt (S. 331), die Mutter des Demetrius habe diesen mit einem andern Kind (dem Sohne eines Priesters oder eines Geheimschreibers) ausgewechselt, das statt desselben ermordet worden, wozu er später hinzufügte, die Verwechselung könne ohne Wissen der Mutter geschehen sein, wonach diese erst im Stück erfahre, daß ihr Sohn noch lebe. Den von ihm wirklich vorausgesetzten Zusammenhang bezeichnet Schiller auf einem gebrochenen Bogen (S. 376 f.), wo er die „wahre" (von ihm angenommene) Geschichte der „fingirten" (vom Urheber des Betruges, der zugleich der Mörder des Zarewitsch, erzählten) entgegenstellt. „Demetrius ist ein Sohn der Wärterin des wahren Demetrius und ein Spielkamerad des letztern. Als dieser ermordet worden, muß sich der Mörder flüchten und verbergen und nimmt den jungen Dmitri mit sich. (Was hat er mit diesem zu thun, daß er ihn mitnimmt?) Er erfährt auf seiner Flucht, daß Boris Gudenow [der Zar, der ihn gedungen] ihm statt des gehofften Lohns den Tod bestimmt habe, um mit ihm sein Verbrechen ins Grab zu verschließen, und nun treibt ihn Rachsucht und Verzweiflung, sich des Knaben Dmitri gegen den Boris zu bedienen. Da er verschiedenes, was dem Zarewitsch angehörte und was diesen kenntlich machen kann, auf seiner Flucht mitgenommen, so sieht er darin eine Möglichkeit, jenen für diesen auszugeben. Auch unterstützt es sein Vorgeben, daß der Leichnam des Demetrius unkenntlich, daß die Mutter nicht im Stande war, genaue Beobachtungen anzustellen. Er kann also verbreiten, daß der unrechte getödet, der wahre Zarewitsch aber gerettet worden." Die vorgebliche Geschichte lautet dagegen also: „Als die Mörder, welche Boris geschickt, nach dem jungen Zarewitsch fragten, merkte der treue Aufseher ihr blutiges Vorhaben und gab ihnen den falschen an, den sie auch ermordeten und mit Wunden entstellten. Den wahren Prinzen flüchtete der treue Aufseher in das Kloster [für den Namen desselben ist freier Raum gelassen]*), weil er ihn nur in heiligen Mauern vor dem Arme seiner Verfolger sicher glaubte. Er wollte seine wahre Geburt niemanden entdecken; damit sie aber in der Zukunft zu beweisen sein möchte, verwahrte er die Kleinodien des jungen Zars sorgfältig und setzte zugleich ein Instrument auf von ihm und unterschrieben (so!), welches den Verlauf der Sache bezeugte." Später wurde dies zum Theil abgeändert, da Demetrius selbst ein Kleinod (das goldene Brillantkreuz fand Schiller schon bei Müller S. 331) und einen Psalter besitzt, der ihn als jüngsten Sohn des Zars bezeichnet, ja einmal ward der Gedanke angedeutet (S. 382), er habe etwas Versiegeltes, das ihm mit dem Bedeuten übergeben worden, es nur in der größten Gefahr zu entsiegeln. Bei der großen Wandlung, welche diese Geschichte unter den Händen des auf immer größere Wahrscheinlichkeit sinnenden Dichters erlitt, hatte er einmal gedacht (S. 383), schon im ersten Aufzuge die Person zum Vorschein kommen zu lassen, welche den Faden dieses verworrenen Knäuels in der Hand habe. Wir kommen später darauf zurück. Ein Kloster sollte der Foyer aller dieser Machinationen sein (S. 383); von den Katholiken,

---

*) Zweifelhaft war, in welchem Kloster Otrepiew zuerst Mönch gewesen. Diakon wurde er im Kloster Tschudow zu Moskau.

Schillers erste Aufzeichnungen. Umgestaltung der Geschichte. 11

besonders den in Rußland und Polen so mächtigen Jesuiten, könnte vielleicht die Hauptintrigue ausgehn (S. 384)*). Das Eingreifen eines Geistlichen führte Schiller (S. 365 ff.) sich weiter aus.

Von Anfang an erkannte der Dichter, daß sein Demetrius kein Betrüger sein dürfe, da ein solcher keine sittliche Theilnahme finden könne, selbst wenn er wie Warbeck verführt worden und sein Zar nur eine aufgezwungene Maske wäre. Er sollte ganz im Gegensatze zu dem arglistigen, sittenlosen Betrüger, wie er bei Müller sich darstellt, als eine selbstbewußte unschuldige Natur, der jedes Arg fern liegt, gleich von Anfang an unsere Theilnahme gewinnen, die spätere Entdeckung, daß man einen schändlichen Betrug mit ihm getrieben, gerade den gewaltigen Umschwung seines ganzen Wesens und Handelns hervorrufen, er dadurch zu einem grausamen Tyrannen werden, der alle Mittel anwendet sich zu halten, da es ihm unmöglich, jetzt, wo er auf dem Gipfel seines Glückes steht, sich als Betrüger zu erklären und alles Errungene, ja sein Leben preiszugeben. In bitterster Verzweiflung muß er jetzt vorwärts auf seiner traurigen Bahn. Der böse Geist, der damit über ihn gekommen, läßt uns keinen reinen Antheil mehr an ihm nehmen, wenn er auch Mitleid und Furcht in uns erregt. Schiller bemerkte (S. 375), da, wo der Held angefangen, moralisch zu sinken, müsse er physisch mehr interessiren, man die Gewalt der Umstände, das Pathetische der Situation mächtig empfinden, fortgerissen werden, für ihn zittern, von

---

*) Daß er in Polen katholisch und durch Jesuiten unterrichtet worden, auch seine Verbindung mit dem Papste, fand Schiller bei Müller S. 209 f., zog es sich aber nicht aus.

ihm fürchten; noch immer müsse er als Hauptfigur interessiren, wenn er die Gunst verliere, diese sich auf andere Figuren verpflanzen, besonders auf den jungen Romanow und Axinia, die Tochter des in Verzweiflung gestorbenen Boris. Der Gedanke, daß im Gegensatze zu den schrecklichen Wirren, in welche die Zeiten falscher, durch fremde Völker gestützter Prätendenten Rußland gestürzt, die Rettung durch das einheimische, mit dem so lange herrschenden Stamme Ruriks in verwandtschaftliche Beziehung getretene Geschlecht der Romanows herbeigefürt werden solle, dieser Gedanke lag dem Dichter so nahe, daß er wider die geschichtliche Ueberlieferung den Michael Feodorowitsch Romanow in die Handlung einführte, der zur Zeit derselben nur zehn Jahre zählte, erst mehr als sechs Jahre später von den Ständen einmüthig zum Throne berufen wurde, wozu der letzte Zar aus Ruriks Stamme, Rurik Feodor Iwanowitsch, dessen Vater bestimmt haben sollte.*) Diese Einführung Romanows, dessen Geschlecht noch in weiblicher Linie Rußland beherrschte, gab dem blutigen Drama gleichsam einen versöhnenden Abschluß, wenn auch Romanow nicht in Wirklichkeit, sondern nur in einer Vision als zukünftiger Herrscher Rußlands erscheinen konnte.

Auch eine andere bedeutende Aenderung war Schiller schon frühe klar geworden, daß die Ermordung des Demetrius am Hochzeitsabend stattfinden solle, worauf der Titel „Bluthochzeit zu Moskau" deutet, welchen das Stück auf dem Blatte führte, das ein Verzeichniß aller seiner dramatischen Pläne, der ausgeführten wie der bloß entworfenen oder vorgesetzten, enthält. Nach der

---

*) Vgl. Müller S. 64. 112. 335. Er war mit seiner Mutter nach einem Dorfe jenseit des Sees Onega verwiesen worden.

Schillers Umgestaltung der Geschichte. 13

Geschichte war es in Moskau allen unbekannt, daß Demetrius mit der Marina, der Tochter des Woiwoden von Sendomir, verlobt sei. Am 29. Juni 1605 war er zu Moskau gekrönt worden; erst im November ließ er dieser durch eine glänzende Gesandtschaft Geschenke überbringen und sie nebst ihrem Vater zu sich einladen; die Braut zog dann am 1. Mai 1606 in Moskau ein, die Vermählung fand eine Woche später statt. Freilich beschleunigte die Ankunft ihrer großen übermüthigen Begleitung den Ausbruch der Verschwörung, aber diese erfolgte erst am 17. Schiller aber machte die Marina zum bösen Genius des Demetrius, deren Ehrsucht ihn getrieben habe; sie selbst begibt sich mit nach Kiow, sie hat ihm einen ihrer Verehrer zum Wächter mitgegeben, der ihr immer getreuen Bericht erstatten sollte, und kaum war Demetrius in Moskau als Zar eingezogen, so eilte sie mit übergroßem Gefolge zu ihm und drang auf die sofortige Vermählung, nach welcher sofort das Blutbad der Polen folgte. Auch die Eifersucht Marinas wollte Schiller eine Rolle spielen lassen. Ueberliefert fand er, daß Demetrius Axinia, die sechzehnjährige Tochter des gestürzten Boris, deren Bruder und Mutter er tödten ließ, zur Befriedigung seiner Lust in Moskau im Hause des Fürsten Mojalskoi gefangen hielt, sie nach seiner Ankunft in Moskau zu sich holen ließ und nach einigen Tagen die Entehrte in ein Kloster verstieß. Schiller wollte seinen Demetrius von wirklicher Liebe zu Axinia entbrennen und mit dem Entschlusse umgehn lassen, die Verlobung mit Marina zu lösen, die ihm aber zuvorkam und sich der Nebenbuhlerin, die den Demetrius verabscheute, durch Gift entledigte.

Wir irren wohl kaum mit der Annahme, daß diese wesentliche Umgestaltung der Fabel feststand, als Schiller im April 1804 nach Berlin reiste. Am 21. Mai kehrte er von dort zurück, und schon vor dem Ende des Monats hat er sich entschieden, in Weimar zu bleiben und sich fleißig an seinen Demetrius zu halten, mit welchem er der Großfürstin, der zukünftigen Erb=prinzessin von Weimar, eine besondere Freude zu machen hoffen durste. Seinem Schwager Wolzogen schrieb er am 16. Juni: „Daß ich die abenteuerliche Expedition des falschen Demetrius jetzt dramatisch bearbeite, hat dir Karoline [Schillers Schwägerin] geschrieben. Es ist ein tolles Sujet, aber ich unternehme es mit großer Lust und hoffe etwas Gutes zu leisten. Sollte dir etwas in die Hände fallen, was darauf Bezug hat und mich dabei för=dern könnte, so erinnere dich meiner. Kostüme aus jener Zeit (es ist jetzt 200 Jahre), Münzen, Prospekte von Städten und dergleichen wären wohl zu bekommen." Im Juni dürfte das Stück einen lebhaften Gegenstand der Unterhaltung mit Goethe gebildet haben. Letzterer berichtet später: „Von dem Vorsatz an bis in die letzte Zeit [seines Lebens] hatten wir den Plan öfters durchgesprochen. Schiller mochte gern unter dem Arbeiten mit sich selbst und andern für und wider streiten, wie es zu machen wäre; er ward eben so wenig müde, fremde Meinungen [wenigstens Goethes] zu vernehmen, wie seine eigenen hin und her zu wen=den . . . So hatte sein aus= und aufstrebender Geist auch die Darstellung des Demetrius in viel zu großer Breite gedacht; ich war Zeuge, wie er die Exposition in einem Vorspiele, bald dem wallensteinischen, bald dem orleansischen ähnlich, ausbilden wollte, wie er nach und nach sich ins engere zog, die Haupt=momente zusammenfaßte und hie und da zu arbeiten anfing. Indem ihn ein Ereigniß vor dem andern anzog, hatte ich bei=räthig und mitthätig eingewirkt." Was Goethe von Schillers Streiten mit sich selbst sagt, wird durch die vorhandenen Papiere vollends bestätigt. Das „Vorspiel" geht auf den wirklich ausgeführten Aufenthalt in Sambor, die wunderbar herbeigeführte Anerkennung als Zar, den Entschluß, mit Hülfe der Polen in Rußland einzufallen, die Verbindung mit Marina und den Abschied von der treuen Lodoiska. Diesen großen ersten Akt des Stückes ließ Schiller nicht ohne gerechtes Bedauern fallen. Gerade hierüber könnte er im Juni mit Goethe verhandelt haben, wie später über manches einzelne, davon aber, daß er sich sonst nach und nach ins Enge gezogen, kann nach den vorliegenden Papieren ebenso wenig die Rede sein als von einem allmählichen Arbeiten an verschiedenen Stellen; denn über den zweiten Akt ging die Dichtung einzelner Stellen nicht hinaus, wenn der Dichter auch zuweilen schon beim Entwurf sich zur dramatischen Ausführung hinreißen ließ. Seine Schwägerin berichtet, eines Abends habe er geäußert: „Ich hätte eine sehr passende Gelegenheit in der Person des jungen Romanow, der eine edle Rolle im Demetrius spielt, der Kaiserfamilie viel Schönes zu sagen, aber am folgenden Tage erklärt: „Nein, ich thue es nicht; die Dichtung muß ganz rein bleiben." Freilich eine schmeichelnde persönliche Beziehung, wie sie Shakespeare gegen die Königin Elisabeth nicht scheute, wäre kaum in Schillers Weise gewesen, aber das edle rein erdichtete Auftreten Romanows und seine Vision waren jedenfalls eine Huldigung, die er dem russischen Kaiserhause darbrachte.

Während Goethe, dessen Antheil ihn bei der begonnenen Arbeit festzuhalten suchte, anfangs Juli eine Woche in Jena verweilte, dürfte sich Schiller die Schwierigkeit der Arbeit wieder lebhaft aufgedrungen und er sich darüber mit dem am 7. zurückkehrenden Freunde besprochen haben. Fünf Tage darauf, be=

richtet sein Tagebuch, er habe sich zur Prinzessin von Cleve entschlossen, die er sonst als Herzogin von Zelle bezeichnet; auch in dem vorhandenen Plane, der in diese Zeit fallen muß, heißt sie „Sophie von Kleve". Diese zog ihn so sehr an, daß er sogar ein Personenverzeichniß entwarf mit Bezeichnung der Schauspieler, welche die einzelnen Rollen in Weimar und in Berlin spielen sollten. Diese Tragödie glaubte er leichter und rascher als Demetrius ausführen zu können, obgleich er zu diesem die dichterische Fabel längst erfunden hatte, mochte auch noch einzelnes darin zu ändern sein. Aber lange scheint er seinem neuen Entschlusse nicht treu geblieben zu sein.

Wegen der Entbindung seiner Frau, die ihn sehr besorgt machte, ging er am 19. Juli mit den Seinigen nach Jena, wo er sich bei einer Abendfahrt stark erkältete; am 24. war er schwer erkrankt und noch nach seiner am 19. September erfolgten Rückkehr fühlte er sich Wochen lang matt und gebrochen und hielt sich nur mit Gewalt aufrecht. Erst am 11. Oktober konnte er Körner berichten, er fange wieder an sich zu erholen und an seine Genesung zu glauben, nur zur Thätigkeit finde er weder Neigung und Kräfte. Was er eigentlich zunächst treiben werde, wisse er selbst noch nicht, da er noch immer zwischen zwei Plänen (der Herzogin von Zelle und Demetrius) unschlüssig schwanke und einen um den andern durchdenke, bis er sich entscheide. Gegen Demetrius sprach vor allem die Schwierigkeit der Aufgabe bei seinen gesunkenen Kräften. Trotz seiner Schwäche gelang es ihm zur Feier des Einzugs der Großfürstin als Gemahlin des Erbprinzen auf Goethes Wunsch vom 4. bis zum 8. November das herrliche Vorspiel „Die Huldigung der Künste" zu schreiben, das bei der am 12. stattfindenden Aufführung die

Gefeierte bis zu Thränen rührte. Die russische Kaiserin hatte seinem Schwager, der Oberhofmeister der Erbprinzessin geworden, einen kostbaren Brillantring für den Dichter des Karlos mitgegeben. Die Erbprinzessin selbst zeigte sich gegen ihn äußerst huldvoll. Hatte er bisher noch geschwankt, jetzt war es entschieden, daß er dem Demetrius seine ganze dramatische Kraft widmen müsse. Ein äußeres Zeichen seiner Beschäftigung mit diesem finden wir darin, daß er am 28. November von der herzoglichen Bibliothek sich ein Buch lieh, aus dem er sich Auszüge zu diesem Zwecke machte, des Adam Olearius „Oft begehrte Beschreibung Der Newen Orientalischen Reise, So durch Gelegenheit einer Holsteinischen Legation an den König in Persien geschehen u. s. w." (zuerst 1647 gedruckt.) Vielleicht hatte ihn Wolzogen auf Olearius hingewiesen, und man könnte vermuthen, daß dieser ihm auch die S. 326 f., wir wissen nicht aus welcher Quelle, aufgezeichneten russischen Sprichwörter und Redeweisen, die er bei den ersten in Rußland spielenden Auftritten benutzen wollte, verschafft habe. Unter diesen meist auf russische Zustände, Sitten und Gebräuche bezüglichen Auszügen aus Olearius finden sich auch einzelne, welche die Person des Demetrius betreffen. Leider fand sich Schiller damals wieder sehr leidend in Folge eines starken Katarrhs, durch den er sich aber von der Gesellschaft nicht zurückhalten ließ.

In diese Zeit dürften die Bemerkungen fallen, die er unter der Bezeichnung „Pro" zu Gunsten der Wahl des Demetrius niederschrieb (Goedeke S. 367 ff.):

„1. Ein großes ungeheures Ziel des Strebens, der Schritt vom Nichts zum Thron und zur unumschränkten Gewalt. Er wird nicht nur unternommen, sondern wirklich vollbracht durch

I. Entstehung.

Glück und Naturgewalt. [Indem einer das Höchste erweckt, fällt ihm alles zu.]*)

2. Der Effekt des Glaubens an sich selbst und des Glaubens anderer. Demetrius hält sich für den Zar, und dadurch wird er's. [Art auf das Volk zu wirken.] Die Russen glauben an ihn und so wird er zu dem Throne emporgetragen.

3. Dramatisch ist es, daß eine große Handlung sich nach einem bestimmten, faßlichen, erstaunenswürdigen Ziel rasch und mächtig hinbewegt — der Einzug des Abenteurers in Moskau. [Vorne zeigt man dem Demetrius auf der Karte das Land, durch das er vordringen muß, um zu Moskau auf dem Kreml zu sitzen.]

4. Günstig ist der Stoff wegen seiner mancherlei sinnlichen und zum Theil prächtigen Darstellungen. Darunter ragt hervor der polnische Reichstag [die erleuchtete Hauptstraße**), ein Balkon des Schlosses, das Feldlager], der Einzug in Moskau und die Zarische Hochzeit, besonders aber der Uebergang von einem Freudenfest zu einem Mordfeste. Außer diesen gibt es noch Züge brutaler Zargewalt, Mordthaten, Schlachten, Siege, Zeremonien u. s. f.

5. Günstig ist auch das Fremde des Stoffes und das abgeschlossene ausländische Terrain, besonders weil es der Boden des Despotismus ist.

6. Das ganz Neue des Stoffs, welcher noch nie auf der

---

*) Die in Klammern gesetzten Bemerkungen sind spätere Zusätze.
**) In Moskau. Nach der Bezeichnung der Dekorationen S. 573 gehörte eine erleuchtete Gasse zum fünften Aufzug. Marina wurde vor der Vermählung unter Beleuchtung von 200 Wachsfackeln nach dem Kreml gebracht. Müller S. 331.

Vortheile des Stoffes.

Bühne gewesen, empfiehlt sich auch, und auch dieses, daß der Fond wirklich historisch ist.*)

7. Daß der falsche Demetrius lange Zeit de bonne foi handelt und die Entdeckung seiner Nullität seinen ganzen Charakter verändert, auch seine Katastrophe herbeiführt, ist wahrhaft dramatisch; und besonders ist's die Epoche, wo diese Peripetie vorgeht, kurz vor seinem Zarischen Einzug.

8. Boris' Situation und Untergang ist höchst dramatisch; eine furchtbare Nemesis waltet hier; auch die seltsame Wirkung des Glücks und der Volksgunst sind ergreifend und rührend. [1. Boris als Herrscher. 2. Boris im Unglücke. Boris läßt sich seine Edelsteine bringen, oder thut es nachher Demetrius?]**)

9. Die Situation der Marfa Feodorowna ist neu und sehr dramatisch. Sie enthält drei große Situationen. [1. Marfa als Nonne. 2. Marfa und Demetrius. 3. Marfa entsagt dem Betrüger.]

10. Daß der Betrüger eine andere liebt, nachdem er sich der polnischen Braut verschrieben hat, daß jene andere die Tochter des gestürzten Zars ist, auch dies führt ein tragisches Interesse mit sich. [Großer Moment, wenn ihm die Axinia vor Augen gestellt wird.] Ebenso rührend ist die Katastrophe der Axinia.

11. Daß derjenige, welcher den ganzen Betrug aus eigennütziger Absicht geschmiedet, in dem Augenblick, wo er den Lohn erwartet, durch die Hand des Zars fällt, ist dramatisch.

12. Eine Liebe zwischen der Prinzessin Axinia und einem

---

*) Im Gegensatze zu Warbek, wo nur die Namen und die Situation geschichtlich waren.

**) Bei Goedeke steht hier Punkt statt Fragezeichen. Schiller war zweifelhaft, ob dies nicht besser Demetrius im fünften Aufzuge thue.

I. Entstehung.

jungen Romanow gibt eine rührende Episode. [Haß des Boris gegen die Romanows.]

13. Die Kosaken mit ihrem Hetmann führen ein eigenes neues Interesse mit sich.

14. Die Liebe des armen Mädchens*) zu dem Zarewitsch, ihr stilles Entsagen und seine nachherige wehmuthsvolle Erinnerung an sie sind rührend.

15. Die Entdeckung seiner Zarischen Geburt ist da, wo sie kommt**), höchst dramatisch.

16. Interessant ist die Nationalfeindschaft zwischen Polen und Russen.

17. Dem Romanow wird zu der Zeit, wo sich Demetrius schon verhaßt gemacht, die Krone prophezeit, wenn er sich dessen am wenigsten versieht. [Woher kommt aber das Wunderbare?]***) Er hat eine Vision. Peter der Große. Katharina II. Alexander. Petersburg.

18. Sehr dramatisch ist der Charakter der Marina.

19. Der Bruder der Lodoiska gibt Anlaß zu einer rühren= den Situation im letzten Akte.

20. Dramatisch interessant ist der Eintritt des Demetrius auf Rußlands Boden, den er küßt.†) Grenzpfeiler ist aufgerichtet.

21. Ebenso, wenn ihm die Zarischen Insignien gebracht worden.

---

*) Lodoiska, Tochter des Kastellans zu Sambor. Die Szene ihrer Ent= sagung fiel mit dem ganzen in Sambor spielenden Akte später aus.
**) In seiner höchsten Noth, wo er hingerichtet zu werden fürchten muß.
***) Bei Goedeke steht diese nachträgliche Frage zu frühe.
†) Dieser Kuß der vaterländischen Erde fiel später aus. Es schwebte da= bei Odysseus im dreizehnten Buche der Odyssee vor.

Vortheile des Stoffes. Personenverzeichnisse. 21

22. Monolog des Demetrius, wenn er sich als Betrüger denkt, und die Nothwendigkeit doch fühlt, sich als Zar zu behaupten. Das ungeheure Moskau liegt unter dem Balkon seines Schlosses.*)

23. Sehr interessant ist die Coexistenz der entgegengesetztesten Zustände; wie wenn Demetrius von einem Theil als absoluter Zar behandelt wird, wenn er es für sich selbst und für andere schon aufgehört hat zu sein."

In dieselbe Zeit werden auch die drei Personenverzeichnisse fallen (Goedeke S. 589—591), in welchen die zur Darstellung bestimmten Schauspieler des weimarischen, in einem die des berliner und des weimarischen Theaters, wie bei der Herzogin von Zelle (vgl. S. 16), angegeben sind. Alle beziehen sich auf die frühere Gestalt des Stückes, wo es in Sambor begann. Bemerkenswerth erscheint, daß der Mensch, der den Betrug ins Werk gesetzt hat, auf diesen verschieden bezeichnet wird; einmal heißt er „Betrugserfinder", ein andermal „Maschine" (so auch in der bloßen Personenliste S. 384), ein drittesmal Utrapeia, auf einer vierten Personenliste ohne Angabe der Schauspieler „Anstifter". Zu dem Namen Utrapeia ist zu bemerken, daß dieser „Trugner", wie Schiller sonst den Menschen nennt, in einem Verzeichnisse der Szenen (S. 587) „Otrepiew" heißt, was der Dichter sich als eigentlichen Zunamen des falschen Demetrius angemerkt hatte (S. 331), so daß er ihn zur Zeit als Verwandten des falschen Demetrius betrachtet haben muß.**) Woher die Form Utrapeia stammt, weiß ich nicht.

---

*) Der Balkon wird S. 573 als Decoration des vierten Aktes bezeichnet.
**) In einer Anmerkung Schillers zur prosaischen Ausführung des Reichs=

I. Entstehung.

Wie ernst auch Schiller die Vollendung des großen russischen Dramas sich vorgesetzt hatte, bei seinem leidenden Zustande und dem dabei fast krankhaften, wie von einem Vorgefühle seines baldigen Todes eingegebenen Drange, sich am Gesellschaftsleben zu betheiligen, konnte es nicht den erwünschten Fortgang gewinnen, mochte er auch den Anfang des Stückes bis in den zweiten jetzigen Akt vielfach bedenken und ausführen. Endlich sah er sich genöthigt, drei Wochen lang das Haus zu hüten. „Leider ist meine Gesundheit so hinfällig", klagte er den 10. Dezember gegen Körner, „daß ich jeden freien Lebensgenuß gleich mit wochenlangen Leiden büßen muß. Und so stockt denn auch meine Thätigkeit trotz meinem besten Willen." Seinen Tell hatte er unterdessen verkürzt, da man bei der Aufführung in Gegenwart der Großfürstin, der Tochter des unglücklichen Paul I., den Kaisermord beseitigen zu müssen glaubte. Daß er trotz allem an Demetrius festhielt, ergibt sich aus dem Briefe an Cotta vom 13. Dezember, wonach der freilich erst für das Jahr 1807 in Aussicht genommene fünfte Band seines Theaters nach dem Tell den Demetrius bringen sollte. Aber der ihn stark belästigende Katarrh hinderte jede freie dichterische Thätigkeit, und so entschloß er sich, da man noch kein neues Stück zum nächsten Geburtstage der Herzogin hatte, rasch eine vom Herzog gewünschte Uebersetzung von Racines „Phädra" zu liefern. Diese nebst der Durchsicht des Don Karlos und der Jungfrau

---

tags (S. 426) lesen wir: „Der Erretter des vorgeblichen Demetrius hat die Vorsicht gebraucht, vor Zeugen ein Instrument aufsetzen zu lassen, daß der junge Mensch, den er unter dem Namen Utrepeia vorzeigte, der gerettete Iwanowitsch sei." Freilich ein sonderbares Instrument, das zum Verrathe der ganzen Sache führen mußte.

für den ersten Band seines Theaters beschäftigte Schiller vom 17. Dezember bis zum 14. Januar 1805. Goethe war am Schlusse des Jahres sehr leidend, so daß die Freunde sich nicht sahen, und wenn Schiller auch am Anfange des folgenden eine Zeit lang in der Gesellschaft erscheinen konnte, so sah er sich doch bald wieder an sein Zimmer gefesselt. Am Tage der Vollendung der Uebersetzung der Phädra schreibt er dem Freunde: „Es thut mir recht leid zu hören, daß Ihr Zuhausebleiben kein freiwilliges ist. Leider gehts uns allen schlecht, und der ist noch am besten dran, der, durch die Noth gezwungen, sich mit dem Kranksein nach und nach hat vertragen lernen. Ich bin jetzt recht froh, daß ich den Entschluß gefaßt und ausgeführt habe, mich mit einer Uebersetzung zu beschäftigen. So ist doch aus diesen Tagen des Elends wenigstens etwas entsprungen, und ich habe indessen doch gelebt und gehandelt. Nun werde ich die nächsten acht Tage dran wagen, ob ich mich zu meinem Demetrius in die gehörige Stimmung setzen kann, woran ich freilich zweifle. Gelingt es mir nicht, so werde ich eine neue halb mechanische Arbeit hervorsuchen müssen." Er nahm die Papiere zu seinem Demetrius wirklich vor. Einzelnes, was wir jetzt darin lesen, könnte dieser Zeit seinen Ursprung verdanken. So die „Im Allgemeinen" überschriebenen Bemerkungen (S. 514 f.): „Weil die Handlung groß und reichhaltig ist und eine Welt von Begebenheiten in sich begreift, so muß mit einem kühnen Machtschritt auf den höchsten und bedeutungsvollsten Momenten hergeschritten werden. Jede Bewegung muß die Handlung um ein merkliches weiter bringen. Man dringt von dem innern Polen durch die Grenzgouvernements bis in den Kreml zu Moskau; das Ziel, dem man sich zu bewegt, steht hell vor den Augen. Was dahinten gelassen wird, bleibt dahinten liegen, der gegenwärtige Moment verdrängt den vergangenen, und so geschieht es, daß der Held des Stücks am Ende mit Schwindeln auf die ungeheure Bahn zurückblickt, die er durchlaufen hat. Jeder Moment aber, wo die Handlung verweilt, ist ein bestimmtes, ausgeführtes Gemälde, hat seine eigene vollständige Exposition und ist ein für sich vollendetes Ganze, wie z. B. der polnische Reichstag, das Nonnenkloster, Katastrophe des Boris, Lager, Dorf u. s. w. Der am höchsten hervorragende Punkt oder der Gipfel der Handlung ist der Einzug des falschen Demetrius als wirklicher Zar mit dem Bewußtsein, daß er ein Betrüger. Auf diese Partie fällt das höchste Licht der Darstellung. Bis dahin ist alles Streben und Hoffnung; von da an beginnt die Furcht und das Unglück." Damals könnte er auch wieder ernstlich erwogen haben, ob er mit den bis ins einzelste schon ausgeführten Auftritten in Sambor den Anfang machen oder sie weglassen solle, worauf sich die nachträglichen Bemerkungen (S. 415) beziehen: „Vortheile. 1) Das Stück wird einfacher und kürzer. 2) Personen werden erspart. 3) Eine glänzende Exposition wird genommen (gewonnen?). Nachtheile. 1) Die bonne foi des Demetrius läßt sich schwerer erweisen, aber doch erweisen. 2) Die Beweise lassen sich weniger führen. 3) Marina verliert von ihrem Einfluß. 4) Loboista und ihr Bruder fallen ganz weg, die doch sehr interessiren.*) 5) Demetrius' Katastrophe interessirt weniger, wenn er nicht vorher im Privatstande gesehen worden."

Leider wurde Schiller bei der Wiederaufnahme des Stückes

---

*) Schiller hat doch später die Beibehaltung von Loboiskas Bruder möglich gemacht, obgleich Loboiska mit dem ganzen ersten Akte wegfiel.

durch die Krankheit seiner Kinder in Sorge gesetzt und er selbst hielt sich nur mit Gewalt aufrecht, so daß eine ruhige Stimmung sich nicht einstellen konnte. Noch am 24. sah es in seinem Hause „wie in einem Lazareth" aus. Zur Weiterdichtung scheint es damals nicht gekommen zu sein. Am 9. Februar erlitt der Dichter einen heftigen Anfall des herrschenden Fiebers, der sich zwei Tage später wiederholte; diese griffen ihn um so heftiger an, als sein Körper sehr geschwächt war. Noch am 28. konnte er als „Rekonvaleszent" sich fast nur mit Lektüre beschäftigen. An demselben Tage bat er Goethe dringend um Schlözers Uebersetzung und Erklärung der Chronik des am Anfange des zwölften Jahrhunderts in Kiew gestorbenen russischen Mönches Nestor, was auf seine Beschäftigung mit Demetrius deutet, in welcher auch der ältesten russischen Geschichte gedacht werden sollte. Anfangs März durfte er sich wieder an die Luft wagen, ja er genoß die Freude, nach so langer Trennung Goethe wieder zu besuchen, doch wurde dieser in der Nacht auf den 8. von seinem alten Uebel wieder heimgesucht. Schiller sehnte sich endlich wieder nach der Fortarbeit an seinem Demetrius, den er gern im Laufe des Jahres vollendet hätte. Mit Goethe kam er öfter zusammen, wo die Freunde dann auch über das neue Drama mehrfach verhandelt haben werden, aber der kalte Nordost verbot beiden bald das Ausgehen.

In den Papieren zu Demetrius findet sich (S. 532) die Aufzeichnung: „13 März, 13 April, 11 Mai, 10 Juni, 10 Juli, 10 August, 10 September, 10 Oktober, 6 November. Zus. 93." Offenbar wird hier aus jedem der neun Monate von März bis November eine gewisse Zahl von Tagen herausgenommen und schließlich zusammengezählt. Irren wir nicht, so sind dies die

Arbeitstage, die er in den nächsten neun Monaten für seinen Demetrius zu gewinnen hoffte, da sein leidender Zustand ihn häufig manche Tage zur Arbeit ganz unfähig machte. In diesen 93 Tagen dachte er das Drama zu Ende zu führen, so daß dieses noch zum nächsten Geburtstage der Herzogin, am 30. Januar, aufgeführt werden könne. In den zum Demetrius gehörenden Papieren finden sich manche Berechnungen sonderbarer Art, nicht allein zählt Schiller einmal (S. 588) die im Stücke todt bleibenden Personen zusammen, sondern er summirt auch die Zahl der in den einzelnen Auftritten spielenden Personen, im ersten Akte 32 (S. 532), obgleich dies ohne jede Bedeutung ist, da dieselben Personen in mehrern Auftritten erscheinen. Bei andern Zahlenberechnungen hier und sonst, auch beim Warbeck, kann ich so wenig wie Goedeke errathen, worauf sie sich beziehen. Daß er wirklich mit gutem Muthe im März den Demetrius angegriffen, beweist die Aeußerung an Goethe vom 27: „Lassen Sie mich doch hören, wie es Ihnen in diesen Tagen ergangen ist. Ich habe mich mit ganzem Ernst endlich an meine Arbeit angeklammert und denke nun nicht mehr so leicht zerstreut zu werden. Es hat sehr schwer gehalten, nach so langer Pause und unglücklichen Zwischenfällen endlich wieder Posto zu fassen, und ich mußte mir Gewalt anthun. Jetzt aber bin ich im Zuge."
Ist unsere Vermuthung richtig, daß er auf den März 13 Tage gezählt hatte, so muß der Entschluß spätestens um die Mitte des Monats gefaßt worden sein. Zunächst handelte es sich um die Reichstagssitzung, die im Entwurf und größtentheils in der prosaischen Ausführung schon vorlag. Fast einen Monat später, am 25. April, meldet er Körner, er sei zwar jetzt ziemlich fleißig, aber die lange Entwöhnung von der Arbeit und die von den

März und April 1805.

harten Stößen der letzten neun Monaten ihm noch zurückgebliebene Schwäche ließen ihn nur langsam fortarbeiten. Den Stoff, der ihn beschäftige, verschweigt er ihm, er sei historisch, und so wie er ihn nehme, habe er volle tragische Größe, er könne in gewissem Sinne das Gegenstück der Jungfrau von Orleans heißen, ob er gleich in allen Theilen davon verschieden sei. Dringt ja auch Demetrius siegreich vor im festen Glauben, daß er der echte Thronfolger sei, welchen Boris durch Mord habe beseitigen wollen; aber auch er wird mitten im Siegeslaufe gebrochen, wie Johanna. Wenn die Streiterin der Jungfrau Maria durch die Liebe zu einem Manne, der Frankreichs Feind ist, ihre Sendung verletzt hat, so vernimmt der von dem Feinde Rußlands in sein Vaterland geführte Prätendent gerade vor dem Einzug in Moskau, daß er das Opfer eines Betrugs ist, was einen völligen Umschwung seines Wesens zur Folge hat, den so gutmüthigen und reinen, ganz von Verfolgung seiner edlen Heldenlaufbahn ergriffenen Jüngling zu einem finstern Tyrannen macht, dessen inneres Unglück durch sein äußeres noch geschärft wird. Wenn Johanna sich selbst wiederfindet und mit dem beseligenden Bewußtsein, ihre Aufgabe trotz gewaltiger Trübung treu erfüllt zu haben, von König und ganz Frankreich geliebt und verehrt, zum Himmel eingeht, so endet der russische Prätendent, von allen aufgegeben, nachdem Lodoiskas treuer Bruder sich vergebens für ihn geopfert, unter dem Dolche der Verschwörer als überführter Betrüger, durch Mord befleckt und durch die Verzweiflung gequält, daß er, ein betrogener Betrüger, nicht bloß unzähliges Elend angerichtet, sondern auch der edlen, glühend geliebten Tochter des durch ihn in den Tod getriebenen Zaren das Leben durch die Eifersucht seiner treulosen

Gattin geraubt hat, die ihn nur als Mittel ihres schrankenlosen Ehrgeizes mißbraucht.

Bis zum 29. April arbeitete Schiller an Demetrius fort; er war bis zur dritten Szene des zweiten Aktes gelangt, hatte zuletzt die neueste Fassung des Monologs der Marsa geschrieben, welche sich, von tiefstem Nachegefühl erfüllt, für die Anerkennung des auferstandenen Zaren begeistert. Am folgenden Tage erkrankte er, und er kam nicht mehr an seinen Schreibtisch zurück. Stellen seines Demetrius mischten sich in seine Fieberphantasien. Von der weitern Folge lagen nur Entwürfe der Handlung, oft in mehrfacher, zu verschiedener Zeit gemachter Fassung, vor. Erst zehn Jahre später gab Körner im zwölften Bande der Werke das von den beiden ersten Aufzügen Ausgeführte und einzelne Angaben der weitern Handlung, wo er sich, um die Lücken nicht zu störend zu machen, mancher Freiheiten bediente, die man heute einem Herausgeber als schwere Vergehen anrechnen würde, aber Körner handelte zum Vortheile des Dichters und seiner Verehrer, wenn er diese kostbaren Ueberbleibsel in möglichst lesbarer Gestalt bot.*) Goethe hatte im ersten Gefühl bittersten Schmerzes über Schillers Verlust den Gedanken an die Vollendung des Demetrius gefaßt, und dieser Hoffnung hatte noch Cotta vor dem ersten Bande des Theaters in den Worten Ausdruck gegeben: „Möchte der einzige, der das Fehlende in gleichem Geiste vollenden könnte, seinem Freunde und dem Publikum diesen großen Dienst erweisen!" Zwanzig Jahre später (in den „Jahr- und Tagesheften") meinte

---

*) Einen Theil des ersten Aufzugs und ein Stück des zweiten brachte vorläufig als Proben das „Morgenblatt" vom 28. und 29. Oktober und vom 24. November 1815.

er, die mancherlei der Ausführung sich entgegensetzenden Hindernisse wären vielleicht mit einiger Besonnenheit und Klugheit zu beseitigen gewesen, allein bei seiner weichen Stimmung, die es ihm unmöglich machte, in den ersten Monaten Schillers Wittwe wiederzusehen, wie wäre es ihm möglich gewesen, sich in die ungeordneten Demetriuspapiere völlig zu versenken, aus ihnen Schillers schließliche Entscheidung in allen einzelnen Fällen herauszufinden, was selbst Körner trotz eifrigsten Studiums nicht gelang. Und wie konnte er denken, das Unvollendete ganz in Schillers von seiner Weise so sehr abstechendem Tone auszuführen! Die Unmöglichkeit hatte er schon eingesehen, als er sich zu einer Theaterfeier für den verewigten Freund entschloß. Auf diese allein, nicht etwa auf den Demetrius bezieht sich Goethes Aeußerung an Cotta vom 1. Juni 1805, gegen den er wohl bei dessen kurz nach Schillers Tod fallendem Besuch vorübergehend den Gedanken an eine Vollendung des Stückes ausgesprochen hatte. Daß an diese bald nicht mehr gedacht wurde, zeigt die Aeußerung von Schillers Gattin an Cotta vom 26. Dezember 1806, Demetrius könne nie ein interessantes Ganzes werden. Freilich machte Körner noch im Jahre 1810 einen vergeblichen Versuch, Goethe zur Vollendung zu bestimmen.

II. Entwicklung der Handlung.
1. In Sambor.

Was dem Dichter zunächst besonders am Herzen lag, war dem Zuschauer von seinem Helden ein gewinnendes Bild und die volle Gewißheit zu geben, daß derselbe kein Betrüger sei, daß die Anerkennung als Zar ihm ganz unerwartet gekommen, er sie aber mit voller Seele ergriffen, weil sie seinem Streben nach etwas Außerordentlichem, das man ihm verkündet hatte, vollkommen entsprach und er in seinen Jugenderinnerungen nichts fand, was seiner Zarischen Abkunft widersprochen hätte. Dieses glaubte er aber nur dadurch erreichen zu können, daß er seinen Helden uns schon vor seiner Anerkennung zeigte und in anschau= lichem dramatischem Bilde, wie diese erfolgte, zur Darstellung bringe. Nach der bei Müller vorliegenden Ueberlieferung war der falsche Demetrius Georg Otrepiew der Sohn eines Sin= bojaren zu Galitsch, der nach dem frühen Tode seines Vaters schon im vierzehnten Jahre unter dem Namen Grigorei oder Grischka in ein Kloster trat. Zu Moskau wurde er im Kloster Tschudow zum Diakon geweiht. Hier schon soll er vorgegeben haben, er sei Iwans Sohn, den man allgemein in Uglitsch um= gekommen glaubte. Deshalb von Boris verfolgt, floh er nach

Nowgorod Sewerskoi, wo er im Kloster Sjaskoi in der Zelle des Archimandriten einen Zettel zurückließ, auf welchem er sich für den Zarewitsch Dimitri ausgab. Zu Kiew erregte er durch sein Uebertreten der Klostergelübde solchen Anstoß, daß er die Flucht ergreifen mußte. In Goschtscha legte er die Mönchskleidung ab, wovon er den Namen Rostriga (entlaufener Mönch) erhielt. Hier lernte er Polnisch. Ostern 1605 kam er nach Bratschin zum Fürsten Adam Wischnewezkoi, bei dem er sich krank stellte und dem Priester in der Beichte mittheilte, er sei der Zarewitsch Dimitri und wünsche deshalb mit allen Ehren eines Zaren begraben zu werden; dabei bezog er sich auf eine unter seinem Bette liegende Schrift, in welcher er angab, er sei in Uglitsch durch die Geheimschreiber Andrei und Wasili Schtschelkalow gerettet worden. Als der Fürst dies erfuhr, ging er zu ihm, der ihn dann beschämt seinen vornehmen Stand bekannte, auch ein goldenes mit Edelsteinen besetztes Kreuz zeigte (Schillers Auszug nennt es Brillanten), das ihm der dem Zaren Feodor verwandte Fürst Iwan Fedrowitsch Mstislawskoi als Pathengeschenk umgehangen habe. Bald genesen, reiste er mit dem Fürsten zu dessen Bruder Konstantin, der ihn seinem Schwiegervater Georg Mnischek, Woiwode von Sendomir, empfahl. Er verliebte sich bei Mnischek in dessen zweite Tochter Marina, welche stolz, listig und verwegen war und sich deshalb zu dem künftigen Zaren hingezogen fühlte; sie ward ihm in dem Falle zugesagt, daß er zum Besitze seines Erbreiches gelange. Anfangs 1603 brachten Mnischek und dessen Schwiegersohn Otrepiew zum König Sigismund auf den Reichstag nach Krakau, wo er des Königs Mitleiden zu erregen wußte, der erklärte, es werde ihm nicht unangenehm sein, wenn den polnischen Mag-

II. Entwicklung der Handlung.

naten für sich dem Demetrius Beistand leisten wollten, später könnte er sich auch von ihm mehr versprechen. Er entließ ihn mit kostbaren Geschenken. Bei Levesque fand Schiller ausdrücklich das Erscheinen des Demetrius auf dem Reichstage erwähnt; ob dieser von der Wahrheit seiner Angabe überzeugt worden, wisse man nicht, jedenfalls habe er nicht für Krieg gegen Rußland gestimmt. Der Woiwode begab sich mit seinem künftigen Schwiegersohn nach Schloß Sambor, wo man eifrig begann, Kriegsscharen zum Einfall in Rußland zusammenzubringen. Zu Kiew versammelte sich ein Heer zum Dienste des Prätendenten, das Abgeordnete nach Sambor schickte, und auch die donischen Kosaken sandten solche, unter ihnen ihrem Ataman (Hetman) Korela, die dem Demetrius ihren Beistand versprachen. Ehe das zu Sambor größtentheils auf Mnischeks Kosten aufgebrachte Heer auszog, verpflichtete sich Demetrius am 25. Mai 1604 Marina zu heiraten, wenn er binnen einem Jahre Zar geworden, schenkte ihr zwei Fürstenthümer und versprach ihrem Vater neun Millionen polnischer Dukaten.

Schiller mußte auf Sambor die Anerkennung Grischkas setzen, sie mußte aber so ausgeführt sein, daß kein Zweifel möglich war. Hier war er auf freie Erfindung angewiesen. Bei Connor fand er (vgl. S. 338) unter den 32 Palatini oder Woiwoden des polnischen Reichstags an erster Stelle angeführt die von Krakau, Posen, Wilna, Sendomir und Kalisch und weiter als noch merkwürdig die von Kiow, Lublin und Kulm. Auch hatte er sich angemerkt: „Amt des Woiwoden ist die Völker seines Distrikts ins Feld zu führen, bei den Landtägen der Provinz zu präsidiren, die Kaufmannswaaren zu taxiren, Maß und Gewicht zu surveilliren, Juden zu bestrafen." Ueber den polnischen Adel hatte er die Bemerkung aufgezeichnet: „Polnische Edle können gemeine Dienste verrichten, nur kein Handwerk. Stallknechte, Köche, Trommelschläger können zu den höchsten Würden gelangen." Hiernach bildete sich Schiller seine freie Dichtung. Um die Anerkennung recht dramatisch zu gestalten, sollte diese aus traurigster Noth als glücklichste Ueberraschung hervorgehen. „Den Anfang macht eine ungeheure Peripetie (Umschwung, nach Aristoteles), indem derjenige, welcher als ein Elender mit Schande soll bestraft werden, als Thronerbe von Rußland erkannt wird. Doch muß er, ehe diese Entdeckung geschieht, schon das größte Interesse eingeflößt haben, man muß für sein Leben zittern und sich lebhaft für seine Rettung interessiren" (S. 382). Schiller warf sich die Frage auf (S. 388), ob Demetrius eine zwiefache Glücksveränderung im ersten Akte erleiden solle, er zuerst in einem hoffnungsvollen Zustande auftreten, dann in einen unglücklichen gerathen und aus diesem zum Glück erhoben werden sollte oder ob er besser gleich im Unglück erscheine. Das letztere hielt er deshalb für weniger günstig, weil es die Gelegenheit abschneide, ihn gehörig einzuführen, besonders seinen kühnen, hohen Sinn, womit er sich über seine Lage erhebe, recht darzustellen, und alles zu sehr ins Sentimentale gespielt werde, wenn er gleich anfangs als ein Gegenstand des Mitleids erscheine. Vor allem müsse eine Möglichkeit sich finden, fünfzehn Jahre nach der Ermordung des Iwanowitsch einen jungen Mann einzuführen, der sich selbst dafür halte und es der Welt, ja eine Zeit lang der Mutter selbst glaublich mache, daß er es sei (S. 365). Deshalb dürfe er sich aus seinem kindlichen Alter keines Umstandes bewußt sein, der dieser Möglichkeit widerspreche, ja im Gegentheil in seiner Knabenerinnerung sich etwas finden, was jenen Selbstbetrug unterstütze. In seinem Wesen muß etwas Fürstliches liegen, das sich sowohl im Unglück wie im Glücke zeigt (S. 355), und um so auffallender bei seiner niedrigen Stellung hervortritt, da er als Flüchtling, als gewesener Mönch, als Russe, ganz rechtlos und abhängig und der Verachtung der polnischen Dienerschaft preisgegeben erscheint, aber gleich als eine gebieterische, kühne, um sich greifende Natur in die Augen fällt (S. 521). Er wird als zwanzigjährig gedacht (S. 355. 382). Neben ihm tritt die Tochter des Woiwoden Mnischek (Schiller schrieb später aus Versehen Meischek), der ihn aufgenommen und Freude an dem frischen, selbstbewußten Grischka gefunden, besonders bedeutend hervor; in ihrer Achtung spiegelt sich das lebhafte liebenswürdige Wesen ihres Hausgenossen. „Marina ist die Bewegerin der ganzen Unternehmung, die den ersten Impuls hineinbringt und die auch die Katastrophe herbeiführt ... Sie muß Geist und Charakter haben und die Seele der Unternehmung von Anfang sein. Sie darf aber kein Herz und keine Liebe haben; alles bringt sie dem Ehrgeiz und der Herrschsucht zum Opfer und erschrickt vor keiner kühnen That .... Es ist also der Sache gemäß, daß Marina anfangs ein großes Interesse einflöße, indem sie sich einer großen Sinnesweise, starker Passionen und einer kühnen Handlungsart fähig zeigt. Sie hat Größe genug zu einem tragischen Charakter. Sie konzipirt die kühnen Ideen, sie weiß die Mittel zur Ausführung zu finden, sie erschrickt vor keinem Hinderniß und durchblickt die ganze Reihe der Beförderungsmittel. Sie gibt dem Zweifelnden Entschlossenheit, stärkt den Demetrius, bestimmt ihren Vater, reißt alles zum Handeln fort und zeigt sich mit einem Wort zu einer großen Rolle geboren.

In Sambor. Marina. Erster Auftritt.

Das ist die schöne Seite ihres Charakters, wodurch sie anfangs höchst interessant, ja liebenswürdig ist. Aber als eine stolze, ehrgeizige und einzig mit ihren Zwecken beschäftigte Person hat sie keine Liebe, keine Schonung, keine Herzlichkeit, ja kein Eingeweide" (S. 398 f.). Zweifeln kann man, ob Schiller wirklich den darauf erwähnten Zug benutzt haben würde: „Marina ist die Sorge ihres Vaters wegen ihrer freien Denkungsart und leidenschaftlichem, rastlosem Wesen. Sie hat schon einen Roman gehabt, und man hat ihr durch den Sinn fahren müssen."

Erster Auftritt. Um den Charakter Marinas und ihr Verhältniß zu dem jungen Russen dramatisch darzustellen, ergab sich als Anfang der Handlung ein Auftritt zwischen Marina und ihren beiden Schwestern, die, wie in der Jungfrau von Orleans, als Gegensatz hervortreten sollten; sie erhielten später die Namen Euphrosyne und Sophie (S. 371. 397). Mnischek hatte nach Müller fünf Töchter, außer Marina und der schon verheirateten Ursula Anna, Christina, Euphrosyne. Schiller nahm den Namen Sophie wohl von ihrer Mutter. Hier war auch schon von ihrem Verlobten die Rede, über dessen Person Schiller anfangs in Zweifel war; er sollte der Woiwode von Lublin oder sonst ein Magnat sein (S. 382), später ward er als Starost (S. 378. 584) bezeichnet*), zuletzt der Palatinus von Lublin angenommen. „Palatinus von **" heißt er noch S. 517. Dieser Eröffnungsszene wird kurz einmal gedacht, mit der Bemerkung, Marina sei die Braut des Palatinus, die Schwestern sollten

---

*) Schiller hatte sich aus Connor angemerkt (S. 340): „Starosten sind Gouverneurs auf den Schlössern und in den königlichen Städten." Den Woiwoiben von Lublin hatte er gleichfalls daher (S. 333) und daß die Woiwoden auch Palatini heißen.

36 II. Entwicklung der Handlung.

Männer haben (S. 378), dann heißt es bei der Inhalts=
angabe des ersten Aktes: „Marina und ihre Schwestern, Euphro=
syne und Sophie, begegnen dem Grischka, und Marina läßt sich
mit ihm ins Gespräch ein, wo er sich geistreich, gefühlvoll und
hochgesinnt zeigt und über seine äußere Lage erhaben. Marina
selbst, frei= und hochgesinnt, läßt sich durch das, was er ist, nicht
abhalten, ihn zu schätzen und vorzuziehen, die Schwestern hangen
an dem Zufälligen.... Ihre Schwestern sehen auf sie herab
und glauben ihr den Rang abgelaufen zu haben." In einer
andern Uebersicht der Handlung (S. 372) findet sich dasselbe,
doch wird noch bemerkt, der Auftritt spiele im Garten des Woi=
woden*), und der Marina schließlich die Aeußerung zugeschrieben,
jeder, der nicht Souverän, sei eine ihr gleiche Partie**); nur zwei
Interessen des Lebens gebe es, die Liebe und die Größe. Darauf
findet sich die Frage: „Soll sich Grischka nicht vorher zeigen, ehe
Marina von ihm spricht, und dieses Gespräch veranlassen?" Auf
einem andern Blatte (S. 522) lesen wir: „Grischka darf nicht
zuerst auftreten, da er die Hauptperson ist. Er verräth eine

---

*) Auf einem frühern Blatte heißt es: „Im Garten des Woiwoden kann
die Szene sich eröffnen; in diesem Garten ist Kunst und Pracht zu sehen."
Als Dekorationen des ersten Aktes werden erwähnt (S. 573) „Garten voll
Pracht" und „Gefängniß".
**) In einem andern Entwurfe lesen wir (S. 394): „Was ist das für ein
Glück, das ihr mir nennt?" sagt Marina. „Was wächst mir Neues und Erfreu=
liches zu, wenn ich vom Haus des Woiwoden, meines Vaters, in das Heim des Pa=
latinus ziehe? Verändere ich mich im geringsten? Habe ich Ursache, mich auf
den folgenden Tag zu freuen, wenn er mir nicht mehr als das Heute bringt?
Lohnt sich's der Müh' zu hoffen und zu streben?
Die Liebe oder Größe muß es sein,
Sonst alles andre ist mir gleich gemein."

In Sambor. Erster und zweiter Auftritt.

Leidenschaft zur Marina, welche unsinnig erscheint, aber von ihr verziehen wird. Die Schwestern machen ihr darüber und wegen ihres Kaltsinns gegen den Palatinus Vorwürfe. Sie schilt die Blindheit des Glücks, wenn sie ihren Bräutigam mit dem Grischka vergleicht." Grischka sollte nach Schillers späterer Bestimmung nach diesem Gespräch auftreten.*) Wir lesen nach Erwähnung desselben S. 378: „Grischka drängt sich zu der Marina, wenn sie im Garten ist mit ihren Schwestern. Er rechtfertigt sich gegen die Vorwürfe, die ihm gemacht werden, drückt sich geistvoll und rührend über seine Lage aus und zeigt ein leidenschaftliches Wesen. Sie behandelt ihn mit Güte, er ist ganz Hingebung und Devouement." Und so nennt Schiller auch in einem nachträglichen Verzeichnisse der Auftritte des früher beabsichtigten ersten Aktes (S. 378) als ersten: „Marina unter ihren Schwestern", an den sich als zweiter anschließt: „Demetrius erhebt seine Neigung zu ihr."

Zweiter Auftritt. Ursprünglich sollte nun auch Lodoiska erscheinen**), „eine Polin von niedrigem Stande" (S. 384), später als Tochter des Kastellans bezeichnet, welche den jungen Russen innig, aber hoffnungslos liebt; diese ganz erdichtete Gestalt sollte den Gegensatz zu Marina bilden, deren vornehme Natur die Huldigungen Grischkas gern entgegen nimmt, aber

---

*) Dies war auch noch in der Fassung S. 379 ff. angenommen, wo die Schwestern sie nach der Entfernung Grischkas tadeln, dann Lodoiska mit der Meldung kommt, daß der Palatinus und Grischka den Degen gezogen, und darauf beide, während sie noch sprechen, erscheinen, der Palatinus angreifend, der andere sich vertheidigend.

**) Der Auftritt „Grischka. Lodoiska" geht auf dem Szenarium S. 374 unmittelbar dem Erscheinen des Palatinus voran.

ohne herzliche Neigung. Schiller scheint später das Auftreten Lodoiskas an dieser Stelle und ihre sich verrathende Liebe aufgegeben zu haben*), weil der Anfang dadurch zu sehr belastet würde, wenigstens ist nirgends in der Angabe der Szenen hiervon die Rede.

Als dritter Auftritt wird der „Streit mit dem Starosten" angegeben (S. 378), den wir zuerst also beschrieben finden (S. 382): „Der Woiwode von Lublin oder sonst ein Magnat, der um die schöne Marina freit, begegnet [ohne Zweifel nach dessen Zusammenkunft mit den Töchtern Mnischeks] dem Grischka, der so kühn ist, seine Augen zu dem Fräulein zu erheben. Nicht erträgt dies der stolze Magnat, und weil er den Grischka für einen homme du néant hält, so läßt er ihn seinen Zorn auf eine beleidigende Art empfinden. Er wirft ihm seine Nichtigkeit vor (daß er Mönch gewesen) und reizt ihn dadurch, den Degen zu ziehen. Es entsteht ein Zusammenlauf, Grischka wird entwaffnet und soll bestraft werden. Hier entfährt ihm ein Wink oder Wort, welches Aufmerksamkeit erregt, oder es kommt eine Person dazu, welche über ihn Licht gibt. (Er kann etwas Versiegeltes haben, welches ihm mit dem Bedeuten übergeben worden, es nur in der größten Gefahr zu entsiegeln.)" Es sollte demnach der junge Russe nur bestraft werden, weil er den Degen gegen den Palatinus gezogen; es kam gar nicht zur Einkerkerung,

---

*) Er hatte sogar einmal gedacht (S. 389), Lodoiska, das liebende Mädchen, solle ihn warnen, wolle ihn weg und dem Palatinus aus den Augen bringen, was eben sein edler Stolz und der Antheil, den Marina an ihm nahm, nicht geflatteten. Daß die Neigung Lodoiskas sich auch womöglich früher (vor der Ermordung des Palatinus) „exponire", hatte er schon S. 393 bemerkt. Vgl. S. 395: „Lodoiskas Neigung zu dem russischen Jüngling."

In Sambor. Zweiter und dritter Auftritt.

da sofort im ehemaligen Mönche der Sohn Iwans erkannt ward. Aber dies genügte Schiller nicht, die Sache mußte dramatischer werden, der Palatinus fallen. So wird denn in dem Anfange eines Entwurfes der Auftritt also beschrieben (S. 393): „Der Palatinus verbietet mit stolzem Ton dem Grischka, sich jemals wieder in seinem Weg zu zeigen. Er schilt die Kühnheit des jungen Menschen, seine Augen bis zu der Braut des Palatinus und der Tochter des Woiwoden zu erheben. Indem er ihm seine Nichtigkeit in Erinnerung bringt und mit zürnender Verachtung ihm die Geschichte seines Lebens und daß er nur von der Gnade des Woiwoden lebe, vorhält, exponirt er das Nöthige vom Stück und Grischka zeigt bei seinen Antworten die edle Hoheit seines Charakters. (Palatinus ist ein stolzer, täppischer und gemeiner Geselle. Er schickt seiner Braut ein Geschenk, das sie gering= schätzt, währenddem sie dem Grischka mit Attention begegnet und eine Blume annimmt aus desselben Hand.) Zuletzt geht der Palatinus zu unerträglichen Beleidigungen über, und reizt da= durch den Grischka aufs äußerste. Es kommt dahin, daß sich letzterer mit dem Degen gegen ihn vertheidigt und der Palatinus fällt, tödtlich verwundet." Wesentlich stimmt damit der Entwurf „Actus I" (S. 395) überein, der nachträglich dem Palatinus die Verse in den Mund legt:

    Wer ist der Kühne, der es wagen darf
    Zu meiner Braut die Augen zu erheben?

Woher mag der Palatinus die Kunde erhalten haben? Auf einem Blatte (S. 374) findet sich nachträglich ein Szena= rium des ersten Aktes, das beginnt: „Palatinus. Der Koch", wonach es scheint, daß Schiller sich einmal dachte, dieser habe den Palatinus aufgereizt. In einem Entwurf des „ersten Aktes"

(S. 385) heißt es: „Der Palatin will ihn [als er zur Vertheidigung den Degen gezogen] in Stücke hauen und kommt durch seine blinde Wuth ums Leben. — ‚Ihr seht, Herr Palatin, ich vertheidige mich nur. — Ich hab' euer Leben in meiner Gewalt.‛ Dadurch macht er ihn nur noch wüthender."
Der vierte Auftritt, wo das Hofgesinde, durch das Degenklirren aufmerksam gemacht, hereneilt und der Woiwode mit Marina und Lodoiska erscheint (letztere fordert vergeblich das Fräulein zur Rettung auf), ist theils in Versen theils in Prosa erhalten (Goedeke S. 404—406).*) Der Getödtete heißt noch „Starost". Dem Dichter kam der Auflauf gelegen, um die große Hofhaltung des Woiwoden anzudeuten, sowie die völlige rechtlose Stellung des jungen Russen in Polen, und die Wunderlichkeit, daß polnische Edle die gemeinsten Dienste verrichten dürfen. Vgl. oben S. 33. Für den Anfang des Stückes hatte er sich angemerkt: „Charakter eines polnischen Großen, politische Verfassung und Unabhängigkeit, woraus die Möglichkeit erhellt, daß der Woiwod nachher den Demetrius auf eigene Hand gegen Rußland ausrüstet." Dieser befiehlt, den Verbrecher, wie leid es ihm auch thut, ins Gefängniß zu führen, um über ihn aburtheilen zu lassen, da er ihn nicht retten darf. „Grischka wird schon von dem Kastellan [vor diesem Befehl] weggeführt. Lodoiska hält ihn noch auf. Szene Grischkas, worin er ihr das Kleinod vertraut und abgeht. Marina kommt nun und Lodoiska zeigt ihr das Kleinod." Die Entdeckung, daß Grischka Iwans Sohn sei, geschah früher vor dessen Verhaftung, ehe noch ein Russe nach

---

*) Dagegen findet sich im Entwurf des „ersten Aktes" S. 385 bloß: „Was hab' ich gethan? O grausames Schicksal! — Unglücklicher! was habt ihr gethan? Ihr seid verloren! — Flieht, flieht! Laßt ihn entfliehen!"

In Sambor. Dritter bis fünfter Auftritt.

Sambor kam. Dies schien Schiller später mit Recht unpassend, sie mußte im Gefängnisse und viel überzeugender geschehen. Fünfter Auftritt. Die Ankunft der Russen. „Es kommt viel darauf an", heißt es zu einem Entwurfe von Actus I (S. 401 f.), „wie die Data gestellt werden, welche die Zarische Abkunft beweisen. 1. Noch ehe daran gedacht wird, daß er der Zarewitsch sei, sind die russischen Flüchtlinge*) gekommen und haben der Sage erwähnt, daß man in Moskau den jungen Dmitri noch am Leben glaube und daß Boris darüber unruhig sei. [Das ist Schillers Erfindung, geschichtlich weiß Boris nur von dem in Sambor.] Dieses wird im Gespräch hingeworfen, aber anfangs wenig darauf geachtet; wenn dieses geschieht, hat aber Grischka jenes Kleinod schon der Lodoiska gegeben. 2. Jetzt wird das Kleinod in Gegenwart eben dieser Russen gebracht, und seine Kostbarkeit wie auch seine Form erregt Aufmerksamkeit. Die Russen fragen mit Erstaunen, wo es herkomme; sie scheinen noch ein näheres Interesse dafür zu haben, und man sagt ihnen in kurzen Worten von dem russischen Jüngling, welcher hingerichtet werden soll. Auf näheres Fragen eröffnen sie, daß sie dieses Kleinod bei dem Iwan Basilides [Wasiliewitsch] oder seinem Sohne Dmitri Iwanowitsch gesehen ꝛc. ꝛc. (Indem noch voll Erstaunen davon geredet wird, bringt Lodoiska ein versiegeltes Instrument [vgl. oben S. 21*] oder dergleichen hervor,

---

*) Früher (S. 383) war bloß von „einem russischen Großen", ja noch in einem Personenverzeichnisse (S. 584) von einem „Ausgewanderten", die Rede, dann werden „vornehme Flüchtlinge aus Moskau" (S. 383) oder „russische Fremdlinge" (S. 390) oder allgemein „die Russen" (S. 372) genannt; in Personenverzeichnissen sind zwei oder drei Russen (S. 589. 592) oder zwei Kaufleute (S. 591) aufgeführt. Wir werden sie gleich unter eigenen Namen finden.

welches Grischka ihr ausgeliefert. Man eröffnet es und eine russische Schrift fällt in die Augen, welche die Russen lesen. Der Inhalt ist, daß Grischka der Prinz Dmitri sei.)*) Die Russen verlangen dringend den Gefangenen zu sehn. Es drängen sich noch andere Zeichen, welche bei allen, die zugegen sind, die Idee erregen und verstärken, daß derselbe der Prinz Demetrius sein könne, und nun gehts nach dem Zimmer des Gefangenen. Marina, die mit der Lodoiska oder statt ihrer gekommen, ist bei dieser Szene zugegen. Wenn der Woiwode mit den Russen abgegangen, bleibt sie ungern zurück, und Lodoiska, die von ihrer Unruhe hergetrieben wird, dringt in sie, den Erfolg mit dem Kleinod zu erfahren. Was sie von dem Fräulein hört, setzt sie in zitterndes Erstaunen; sie hört, daß sich das Schicksal des Gefangenen auf eine außerordentliche Art zu wenden beginne. Mehr kann sie nicht erfahren; denn Marina eilt den andern nach, und sie selbst folgt dem Fräulein." Daneben finden sich in einer Angabe des Inhaltes die Abschnitte „Russische Ankömmlinge. Exposition des moskovitischen Wesens" und „Das Kleinod" (S. 522 f.). Die Frage, wie viele der Ankömmlinge seien, beantwortet Schiller sich nicht, bezeichnet aber sonst die Art ihres Auftretens. Das Kleinod könne ein Andreaskreuz sein.

Die Ausführung dieser Szene, größtentheils in nicht immer ganz regelrechten Versen, hat sich erhalten. Vgl. S. 406—411. Schiller hatte sich einmal davor noch eine kleine Einleitung ohne den Woiwoden gedacht. Vgl. S. 390. Die Kaufleute, von denen nur der eine spricht (daß der Stand der Kaufleute angesehen sei, hatte Schiller S. 330 sich angemerkt), haben die Namen Asa-

---

*) Diese spätere Parenthese stimmt nicht zum folgenden.

In Sambor. Fünfter und sechster Auftritt.

nassei und Timofei, die Schiller sich nebst andern Namen gleichfalls ausgezogen hatte (S. 330). Es kommt zu einer weitern Auslassung über Boris, welchen Afanassei als einen unerträglichen Tyrannen schildert, der dem Volke, das ihn gewählt, die Stimmen abgestohlen habe, während Mnischek hervorhebt, daß alle Nachbarn ihn achten und fürchten.*) Allgemein habe sich seit einem Jahre die Sage verbreitet, der Prinz, der zu Uglitsch verbrannt sein solle, habe sich gerettet, was Boris in so große Angst versetzt habe, daß er im ganzen Reiche die strengsten Nachforschungen anstellen lasse. Marina zeigt ihrem Vater das von Grischka der Lodoiska als Vermächtniß gegebene Kleinod. Als Afanassei es schaut, geräth er in Staunen, da es mit dem Namen des Basilides**) bezeichnet sei und zu seinem Schatze gehört habe. Aus seinen Erkundigungen nach dem Gefangenen***) und seinen Aeußerungen des Staunens, die wesentlich mit den S. 524 gegebenen stimmen, ergibt sich, daß er ihn für Dmitri Iwanowitsch hält; dringend verlangt er ihn zu sehen, um zu voller Gewißheit zu gelangen.

Sechster Auftritt. Lodoiska hält die Marina zurück. Der Auftritt ist nicht ausgeführt, weil Lodoiska selbst in dem vorigen Auftritt aufgetreten war, er findet sich aber S. 391

---

*) Daß er, rechne man seine Herrschsucht und Nachgier ab, ein tüchtiger Regent gewesen, führt Müller S. 249 aus.
**) So heißt hier, wie schon S. 41, Iwan Wasilowitsch, wie ihn Schiller, ich weiß nicht worauf hin, im ausgeführten Stücke nannte, kurz vorher Iwan Basiloviz. Bei Treuer fand Schiller „Basilides", bei Müller „Wasiliewitsch", bei Levesque „Vassiliévitsch".
***) Den Namen des Klosters (Tschudow) hat Schiller hier unausgefüllt gelassen, weil er ihm nicht gegenwärtig war.

44 II. Entwicklung der Handlung.

kurz angegeben, ausgeführter S. 524 f.: „Lodoiska kommt herein, eben da Marina fort will. Sie hält das Fräulein auf. — Wo geht ihr hin? Was ist zu hoffen? — Laß mich! — Ist Hoffnung? Redet! Ihr seid bewegt und eure Blicke strahlen. Ist Hoffnung für den Unglückseligen? — Nicht unglückselig mehr! — Das Schicksal des Russen fängt an sich außerordentlich zu wenden. — Was? Wie? — Laß mich! Ich muß dem Vater folgen. — Lodoiska (sinkt zur Erde betend). O, wär' es möglich! Heilige Mutter Gottes!"
Siebenter Auftritt. Demetrius befindet sich allein im Gefängnisse und erwartet den Tod. Da heißt es a. a. O.: „Er ist zwar gefaßt zu sterben, doch fühlt er einige Bitterkeit darin, daß das Glück ihm so schlecht Wort gehalten und seine großen Hoffnungen so ganz zu nichte werden. In dieser kurzen Szene ist Platz zu einigen allgemeinen Reden über Menschheit und Schicksal. Demetrius zeigt sich groß und stark fühlend. NB. Es ist ein Mensch darzustellen, der zu der außerordentlichsten Rolle aufbehalten ist, wenn er schon glaubt zu enden. Das Tiefste im Menschen wird in solchen Augenblicken sichtbar; bei ihm ist der Ehrgeiz, das ungeheure Streben ins Mögliche durch eine gewisse Götterstimme gerechtfertigt. Fragt sich, ob er in dieser Szene allein oder mit seinem Wächter zusammen ist."*) Die Ausführung ist freilich nicht immer ganz genauen und zum Theil durch Verbesserungen entstellten Versen hat sich erhalten (S. 412 f.); dreimal finden sich hier Reime. Aber V. 12—23 (eigentlich 24, da der letzte Reimvers bloß durch einen Strich bezeichnet ist) wurden noch auf demselben Blatte verkürzt, um

---

*) Oben hieß es, er sei allein. In einer anderen Inhaltsangabe (S. 391) ist von einer „Szene mit dem Kastellan" die Rede.

In Sambor. Sechster bis achter Auftritt. 45

nach den Worten des Wächters: „Bereitet euch! man kommt!" von Demetrius gesprochen zu werden. Der Schluß sollte lauten:

> Es ist geschehen!
> Schließt euch, ihr Lippen, stolzes Herz, verbirg,
> Verschließe schweigend deine kühnen Träume,
> Zu kühn für dein gemeines . . .*) Geschick.
> Geh' schweigend unter!

Nach einer frühern Fassung (S. 396) sollte Lodoiska bei ihm im Gefängniß sein, er ihr das Kleinod übergeben, und nach ihrer Entfernung ein Jesuit eintreten, der ihn katholisch machen will. Vgl. oben S. 11.

Auf den nun folgenden achten Auftritt, die Anerkennung des Demetrius, mußte ganz besondere Sorgfalt verwendet werden, damit nicht bloß die andern Anwesenden, sondern auch die Zuschauer keinen Zweifel hegen könnten, der junge Russe sei der Zarewitsch. Ursprünglich sollte die Anerkennung durch einen Wink oder ein Wort Grischkas, gleich als man ihn bestrafen will, erfolgen (oben S. 38), dann im Gefängniß, jedoch ohne Zwischenkunft anderer Personen, geschehn, der Woiwode allein mit Marina eintreten, ihn mit einer gewissen Ehrfurcht behandeln, er nach einigen ihn befremdenden Fragen auf das Zeugniß des Kleinods anerkannt werden (S. 373). Weiter ins einzelne bestimmt wurde die Handlung, als Schiller die Russen daran betheiligte. So lesen wir S. 391: „Hereintritt der Woiwode mit den Russen, mit der Marina, mit der Lodoiska. Man entfesselt ihn, man begegnet ihm mit Achtung und Feierlichkeit, man fragt ihn über ganz vergangene Dinge. Er antwortet schlicht und ruhig. Das

---

*) Das passende Beiwort fiel dem Dichter augenblicklich nicht ein.

II. Entwicklung der Handlung.

Erstaunen steigt. (Natürliche Zeichen.*)) Er erinnert sich an noch ein Besitzthum, welches über seinen Ursprung Licht geben kann. Es wird beigebracht und von den Russen untersucht, welche jetzt überzeugt und befriedigt vor ihm niederfallen und ihn als Zarewitsch begrüßen. Eine Binde fällt von seinen Augen. Er greift mit seinen Reminiszenzen in die Vergangenheit, und alles wird ihm hell auf einmal. Er erzählt von der Feuersbrunst, von seinem Aufenthalt in jenem Kloster, und erinnert sich, daß man ihn damals schon einmal als Zarewitsch begrüßt. Wie seine Besinnung steigt, erhebt er sich und steht jetzt mit dem ganzen Anstand eines Fürsten in der Mitte der Gesellschaft." Damit stimmt ein Entwurf von Actus I überein (S. 403), wo jenes Besitzthum als ein Psalter bezeichnet wird, in welchen Griechisch geschrieben gewesen. Der auf Schillers Erfindung beruhende Psalter erinnert an das Brevier, durch welches in Lessings Nathan die Herkunft der Recha bewiesen wird. Am genauesten ist die Szene ausgeführt und erwogen in der Uebersicht der Handlung S. 525 ff. Wie der Woiwode mit den Russen eintritt (Marina und Lodoiska halten sich im Hintergrunde), steht Grischka in edler Stellung abgewendet. Als er des Woiwoden Stimme vernimmt, kehrt er sich ihm mit den wärmsten Demonstrationen seiner Ehrfurcht und Liebe zu, und klagt sich und sein Schicksal an, daß er seinem Wohlthäter also habe lohnen müssen. Dieser fordert ihn auf, jetzt alles zu vergessen und seine Fragen zu beantworten. „Wie er zu dem Kleinod gekommen? Er erinnere sich keiner Zeit, wo er es nicht besessen. Es sei so alt als sein Bewußtsein. — Ob man ihm

---

*) Am Leibe.

In Sambor. Achter Auftritt.

nie etwas darüber gesagt? — Man habe ihn ermahnt, es heilig zu bewahren, weil es sein Schicksal entscheiden werde. — Ob man ihm denn nie einen Wink über seine Herkunft gegeben? Er wisse nichts, aber er besitze einen Psalter von dem Archijerei [dem Patriarchen Hiob, bei dem er nach Müller in Moskau einige Zeit Bücher abgeschrieben hatte], in welchen dieser griechische Worte geschrieben. Vielleicht enthalten diese etwas Näheres. — Er möchte den Psalter hergeben. Man verstehe diese Sprache. — Es sei jetzt alles eins, da er doch sterben müsse. (Die Entdeckung muß retardirt, aber durch die Retardation zugleich dringender, gespannter und nachdrucks= voller gemacht werden.) (Die natürlichen Zeichen werden früher bemerkt, ehe das entscheidende Wort ausgesprochen wird. Jenes Zeugniß, was im Buche steht, ist in jedem Betracht das letzte und entscheidende.)" Als natürliche Zeichen werden S. 526 ange= führt: „Der eine Arm kürzer als der andere nebst noch andern beliebigen."*) Neben dem erstern erwähnt Schiller S. 383 „ein Mal auf der Brust". Die „Gradation der Beweise" soll diese sein: „1) Das Kleinod. 2) Die Lebensumstände des De= metrius, welche bei Gelegenheit dieses Kleinods den Russen er= zählt werden, wie z. B. daß er aus dem Kloster entsprungen, die Zeit seines Aufenthalts, sein Alter. [Diese beiden Beweise gehören den vorhergehenden Auftritten an.] 3) Sein Anblick im allgemeinen, der der Idee zusagt. 4) Der eine Arm kürzer als der andere, nebst noch andern beliebigen natürlichen Zeichen. 5) Einige Antworten, die er gibt. 6) Die Aussage in dem Psalter,

---

*) S. 525 steht irrig „Hand" statt „Arm". — Die Sache nahm Schiller aus Müller, der daneben einer Warze im Gesicht gedenkt, wofür Schiller, wie wir gleich sehen werden, ein Mal auf der Brust setzte.

welche es bestimmt ausspricht, daß er der Prinz Demetrius sei."
Weiter wird hervorgehoben, Grischka betrachte den Respekt, mit
dem man ihn bei der Aufsuchung der natürlichen Zeichen be=
handle, als drückenden Spott, nur Lodoiskas Blick gebe ihm
einigen Muth, womit es nicht stimmt, daß Marina ihm Muth
einspricht, ihn zu antworten drängt, ihm gern die Antworten in
den Mund legt. Der Anblick der russischen Landsleute soll ihn
rühren. Im entscheidenden Augenblick klirrt er mit seinen Fes=
seln, aber dieser muß er doch gleich bei der Ankunft des Woi=
woden entledigt werden. Die Frage, wo der Psalter sich finde,
hat Schiller noch unbeantwortet gelassen. Bei allen gegenwär=
tigen Personen, bemerkt er, dürfe kein Zweifel übrig bleiben
(daß Marina nicht daran glaubt, wird hier übergangen), selbst
der Unglaube des Zuschauers nicht dagegen aufkommen oder
„wissentlich fortgerissen werden". Demetrius erinnert sich jetzt,
daß man ihn im Kloster einmal Zarewitsch genannt, was er als
Spott genommen, daß er in frühester Kindheit in Wohlstand ge=
lebt, gegen die Knaben, mit denen er gespielt, den Meister ge=
macht, daß er vor einer großen Feuersbrunst geflohen, sich mit
seinem Führer habe verbergen müssen. „(Man sieht die schnelle
Wirkung des Fürstseins auf seinen Charakter.) Er nimmt die Hul=
digung der russischen Flüchtlinge mit Würde an, er umarmt den
Woiwoden als seines Gleichen." Das Nächste ist die Liebes=
erklärung des Demetrius gegen Marina. „Sie verweist ihn auf
das Politische. Er müsse sein Erbreich erobern. Dazu ermuntern
ihn die Russen. Er fühlt sich machtlos. Die Russen zeigen ihm
die Mittel in Rußland. Marina gibt Hoffnung auf polnische
Hülfe und zunächst von ihrem Vater. Demetrius erinnert den
Woiwoden, daß er noch sein Gefangener sei; dieser antwortet ihm

daß er sein Herr und Fürst sei." Der Zarewitsch bittet um
Waffen. Der Woiwode gibt ihm seinen eigenen Degen. „Die
Hausgenossen wollen den neu entdeckten Zarewitsch sehen. De=
metrius erfüllt ihr Verlangen und geht hinaus zu ihnen. In
der Zwischenzeit bearbeitet Marina nebst den Russen ihren
Vater, daß er alles an den Demetrius wage. Jetzt zum ersten=
mal ist die Rede vom polnischen Reichstag, auf welchem diese
Sache zur Sprache gebracht werden könne."

Von diesem großen Auftritt im Gefängnisse ist nur sehr
wenig, zum Theil in Versen, ausgeführt (S. 413 ff.). Der
Woiwode läßt gleich den Demetrius entfesseln, der dessen Blick
nicht ertragen kann, weil er mit Recht des Mordes wegen ihm
zürne. Afanassei bewundert dessen edle Gestalt, dessen kühnes
Aussehen. Ueber das Diamantkreuz befragt, erklärt Demetrius
auch hier, es sei so alt wie sein Bewußtsein; man habe ihm ge=
sagt, fügt er hinzu, sein Geschick hänge daran. Nach Afanassei's
Frage, ob man ihm niemals einen Wink gegeben, folgt eine
Lücke; darauf sagt Grischka: „Aber hier ist ein heiliges Buch,
ein Psalter"; der Archimandrit*) habe es ihm gegeben und es
heilig zu verwahren geboten; vielleicht enthielten die eingeschrie=
benen griechischen Worte, die er nicht lesen könne, einen Auf=
schluß. Auf Afanassei's dringendes Verlangen gibt Grischka
das Buch. („Hier ist das Buch.") Die zuletzt prosaisch rasch
hingeworfene Stelle schließt mit Afanassei's Worten: „Es ist
Griechisch!"

Neunter Auftritt. Als besondere Szene finden wir

---

*) Früher war vom Archijerei die Rede (S. 47). Der Archimandrit ist
der Aufseher mehrerer Klöster (Mandrä), wonach hier wohl an denjenigen zu
denken ist, unter dem das zuerst von ihm besuchte Kloster stand.

in einem Szenarium (S. 574): „Bote ladet zum Reichstag nach Krakau", wo der Woiwode ein angesehener Reichsstand ist. Und so führt auch die Uebersicht zum ersten Akte dessen Berufung nach Krakau auf den Reichstag an. Daß Mnischek den Demetrius zum König von Polen auf den Reichstag führte, fand Schiller bei Müller. Vgl. oben S. 31 f. Zu der aus Connor gemachten Aufzeichnung: „Die Provinzialen wählen ihre Landboten", hatte Schiller hinzugefügt: „Eine solche Provinzialwahl kann auch im 1. Akt vorkommen", und gleich darauf: „Weil in Polen oft die Dienstboten Edelleute sind, so kann ihnen eine tragische Dignität beigelegt werden; ferner können dieselben, welche im 1. Akt subaltern gedient, dem Reichstag mit beiwohnen." Dem großen Reichstage (Sejm Walny)) gehen kleinere, die Seimiki oder Landtage, in jeder Woiwodschaft voran, wie Schiller sich angemerkt hatte (S. 340). Einmal (S. 395) meinte er, vielleicht könne der polnische Landtag gleichzeitig zu Sambor stattfinden. Dann ließ er den Ort unbestimmt (S. 391), obgleich er schon früher Lublin dazu ausersehen zu haben scheint (vgl. S. 345)*), darauf schwankte er zwischen Lemberg und Krakau (S. 415 f.), bis der größere Glanz der Ausführung ihn für letzteres bestimmte.

Zehnter und elfter Auftritt. Nach der Berufung zum Reichstage sollte als „Intermezzo" eine Trinkstube eintreten, in welcher die Edelleute im Dienste des Woiwoden einen Landboten zum bevorstehenden Reichstage wählten (S. 528 f. 574). Die Wahl erwähnt auch die Uebersicht des ersten Aktes S. 374.

---

*) „Eben der [Sapieha] ist es, der auf dem Reichstage zu Lublin dem Demetrius zuwider ist."

In Sambor. Neunter bis zwölfter Auftritt.

Ueber die Nuncien oder Landboten, welche der Adel der Provinzen durch Stimmenmehrheit wählt, hatte Schiller sich das Nöthige aus Connor angemerkt (S. 335 ff.). Die Wahl der Landboten, bei denen besonders auf eine starke Stimme und Unverschämtheit Rücksicht genommen wurde, gehörte mit zum Bilde der polnischen Wirthschaft, aber Schiller ließ die Nachricht von der Entdeckung des Zarewitsch in die Trinkstube kommen, und die große Freude über den dadurch in Aussicht gestellten Krieg mit den verhaßten Russen und die Aussicht auf die in Moskau zu machende Beute zum Ausdruck gelangen. Einer verpfändet, um sich dazu auszurüsten, seine Bauern und sein Landgut. Schiller erinnerte sich der Bemerkung von Connor: „Wenn Edelleute von andern Edelleuten etwas borgen, so verpfänden sie denselben allemal ihre Güter oder Dörfer." Bei der Bemerkung: „Man trinkt sich Moskowiter zu", liegt die Angabe Treuers zu Grunde (S. 328): „Livländer trinken sich in einem Glase Wein drei, vier Moskowiter zu." Auch Marina sollte hier erscheinen und ihr Wesen treiben. „Sie handelt mit einigen Parteigängern um Soldaten, sie bürgt einem andern für seine Schulden, einem dritten verschafft sie eine Stelle, einem vierten schenkt sie Pferde und Hunde oder Falken, einem fünften . . . Alle zusammen haben eine begeisterte Anhänglichkeit an sie; davon zieht sie Nutzen, indem sie ihren Schleier zerreißt und unter die Edelleute vertheilt." Man darf wohl zweifeln, daß Schiller bei der Ausführung Marina schon hier sich als rücksichtslose Intriguantin hätte verrathen lassen.

Zwölfter bis fünfzehnter Auftritt. Als Schlußszene dieses Aktes führt das Szenarium auf (S. 574): „Demetrius macht mit dem Woiwoden seinen Vertrag und verspricht sich mit

II. Entwicklung der Handlung.

der Marina. Polnische Edelleute, die sich dem Demetrius antragen. Lodoiska nimmt von Demetrius Abschied und führt ihm ihren Bruder zu. Lodoiska allein, während Demetrius abreist." Im Personenverzeichnisse des ersten Aktes S. 574 kommt weder dieser Bruder (Kasimir), noch die polnischen Edelleute, noch die Dienerschaft des Woiwoden vor. Nach der weitern Ausführung S. 530 ff. (vgl. S. 390) sollte auf einer kolossalen Karte das Reich vertheilt und vermessen werden, Demetrius dabei schöne Kenntnisse und noch mehr eine königliche Gesinnung zeigen. Schiller selbst fragte sich, ob diese Szene nicht schicklicher nach dem Reichstage folge, wie es denn auch später geschah. Großen Antheil nahm er selbst an der Lodoiska, die er als Nausikaa des Stückes im Gegensatze zu der glücklichern Marina bezeichnet*), dieser „hellsehenden politischen Intriguantin" von „grenzenloser Herrschbegierde". Den Schlußmonolog sollte Lodoiska sprechen, wenn man den Marsch blasen hört (S. 392). In ähnlicher Weise schloß später der in Krakau spielende Akt mit dem Aufbruche nach Kiow.

So hatte Schiller aus sehr wenigen überlieferten Zügen eine geschlossen in sich zusammenhängende, lebhaft bewegte, trefflich motivirte Handlung geschaffen, in welcher die Charaktere des Demetrius, der Marina und der Lodoiska hervorleuchten, das Polenthum und dessen feindliche Stellung gegen Rußland sich darstellen, besonders aber die versuchte Ermordung des Zarewitsch und die durch ausgewanderte Russen vermittelte Entdeckung desselben in Sambor zu lebendiger Anschauung gelangen,

---

*) Nach dem Personenverzeichnisse S. 534, in welchem für den ersten Akt „Paulina. Ihr Bruder" angeführt werden, muß Schiller einmal statt „Lodoiska" den Namen „Paulina" gewählt haben.

In Sambor. Schluß. Erster Akt erster Auftritt. 53

so daß kein Zweifel bleibt, Demetrius halte sich selbst für den Zarewitsch und sei es wirklich. Ausgeführt würde dieser Akt ergreifend gewirkt haben, aber Schiller opferte ihn auf und begann das Stück mit der glänzenden Exposition auf dem krakauer Reichstage. Früher hatte er einmal daran gedacht (vgl. S. 578. 581), die Szenen zu Sambor und auf dem polnischen Reichstage im ersten Akt aufeinander folgen zu lassen.

Erster Akt.

Den äußerst unbedeutenden geschichtlichen Boden dieses Aktes haben wir oben S. 31 f. bemerkt. Zum Schlusse verwandte Schiller theilweise den des in Sambor spielenden Aktes. Die frische, selbstbewußte Begeisterung des Prätendenten, von dem ihm durch Geburt gebührenden Thron den Tyrannen Boris zu stürzen, spricht sich hier lebhaft aus, aber nicht allein tritt daneben die Mißlichkeit hervor, daß er durch die Rußland feindlichen Polen die Herrschaft gewinnen, ja diesen die glänzendsten Versprechungen machen muß, sondern in greller Beleuchtung sehen wir auch, daß Marina das Ganze ins Werk gesetzt hat, um die durch Demetrius zu erlangende Herrschaft über Rußland ohne Liebe zu diesem und ohne Ueberzeugung der Gerechtigkeit seiner Sache zur Befriedigung ihrer rücksichtslosen Herrschsucht auszubeuten, weshalb sie die Möglichkeit, daß dieser von seinem Entschlusse abgehe, durch einen ihm als Wächter beigegebenen Freund abzuschneiden sucht. Die ränkesüchtige, herzlose Verlobte des Prätendenten erscheint als sein böser Geist, der den verderblichen Einfluß des Polenthums aufs äußerste verschärft. Ein Zweifel, daß Demetrius wirklich der Zarewitsch sei, kommt im

II. Entwicklung der Handlung.

Zuschauer gar nicht auf, wenn auch der leidenschaftlich Polens Theilnahme bekämpfende Sapieha die Sache für einen von Mnischek ins Werk gesetzten Trug erklärt. Die Exposition der Handlung ist hier in lebendigster dramatischer Entfaltung vollendet.

Erster Auftritt. Die Stellung der einzelnen Großen und des Königs auf dem Reichstage hatte der Dichter sich aus Connor klar gemacht (S. 535 ff.), darauf auch die ganze Reichstagsszene bis zum Anbieten des Kosakenhetmans Korela ausführlich in Prosa entworfen (S. 418—432), so daß die Ausführung in Versen, die in zwei Fassungen vorhanden ist, diese mit wenigen Ausnahmen, wo sie gekürzt, geändert oder erweitert wurde, möglichst genau widergibt. Der hier fehlende Anfang findet sich auf einem Blatte (S. 538) in Prosa und unmittelbar darauf in Versen.*) Wir befinden uns im Senatssaale, wohin die Landboten, die sonst in ihrem Zimmer zusammen sind, fünf Tage vor dem Schlusse des Reichstags geladen werden.**) Die Szenerie des Reichstags hat Schiller nach folgenden Aufzeichnungen aus Connor (S. 337 ff.) bestimmt: „Ansehen des Erzbischofs von Gnesen und seine Prärogativen. Sein Kaplan steht, wenn er sitzt, hinter seinem Sessel mit einem goldenen Kreuz. Nach ihm kommt der Erzbischof von Lemberg, darauf der Bischof von Krakau, dann von Wilna, Posen, Plosko, Wermland und

---

*) Statt 1 f. heißt es in Prosa: „Zum guten Ende eingelenkt, eingeleitet. So ist denn dieser sturmvolle Reichstag glücklich beendigt", vor V. 3 steht noch „und", nach demselben „Aufs neu befestigt ist die Eintracht" In V. 4 war für das Beiwort Platz gelassen. 6—10 lauteten in Prosa: „Der König aber verspricht die bisherigen Exorbitantien abzuschaffen und die pacta conventa zu halten"; die Verse zeigen nach „Der König" eine Lücke, worauf V. 10 folgt.

**) Im Verzeichnisse der Dekorationen S. 573 heißt die hierher gehörende „Zeremoniensaal".

noch acht andere. Alsdann 32 Palatini aber Woiwoden, 10 hohe
Reichsbeamte, 85 Kastellane, 1 Starost. Kastellane sind die
Lieutenants der Woiwoden. Unter ihnen sind zu merken Ka=
stellan von Lublin, Posen, Kiow. Sie sitzen hinter den Bischöfen
und Woiwoden. Die 10 Kronbeamten stehen zu beiden Seiten
um den königlichen Thron. Sie sind: 1) Der Krongroßmarschall.
2) Der Großmarschall von Lithauen. 3) Der Krongroßkanzler.
4) Der Großkanzler von Lithauen. 5—6) Zwei solche Unter=
kanzler. 7—8) Großschatzmeister von Polen und Lithauen.
9—10) Zwei Hofmarschalle von Polen und Lithauen. Amt
des Krongroßmarschalls: Macht die Arrangements und Polizei
auf dem Reichstag. Gebietet Stille und Ordnung. Trägt dem
König einen erhabenen Stab vor. Führt die Gesandten zur
Audienz. Kanzler führen das Siegel, besiegeln alle königlichen
Befehle." Die Angaben über die Stellung hatte Schiller nicht
ausgeschrieben, nur die betreffende Seitenzahl sich angemerkt.
Nach diesen, die durch eine Abbildung erläutert ist, sitzt der König
auf einer Estrade, die fünf polnischen Reichsbeamten zu seiner
Rechten, die fünf lithauischen links. Unter ihm sitzen die Bischöfe
in zwei Reihen, auf der Rechten unter dem Erzbischof von Gne=
sen, auf der Linken unter dem von Lemberg, unter und hinter
ihnen die Senatoren (Palatini und Kastellane) nach ihrem
Range; hinter diesen stehen die Landboten mit entblößtem
Haupte. Alle Stimmfähigen haben über ihre gewöhnliche Klei=
dung ihre Schwerter gegürtet.

Die Verhandlungen über das Reich sind, wie der Primas
bemerkt, nach langem Kampfe friedlich zu Ende geführt; als
solche Beschlüsse nennt er die freiwillige Entwaffnung des Bun=
des des Adels (Rokosz), der sich zur Wahrung seiner Rechte

gegen den König erhoben hatte, das Versprechen des Königs, den gerechten Klagen abzuhelfen und die pacta conventa (die bei der Wahl eingegangene Kapitulation) zu beachten. Die Klagen gegen den König bezogen sich auf den Bruch der Kapitulation und die Verletzung der Reichsverfassung: daß er seinen Prinzen Reichsämter gebe, er die Krone auf seinen Sohn bringen wolle, die Dissidenten unterdrücke und die Jesuiten allgewaltig würden (S. 538).*) Von den innern Angelegenheiten wendet sich der Erzbischof zu dem Auslande; ein Strich deutet hier eine Lücke vor der Frage an, ob die erlauchten Stände den russischen Prätendenten anhören wollen, welcher die Beweise, daß er der Zar Iwanowitsch sei, der Reichskommission vorgelegt habe, die sie stichhaltig gefunden. Die Mehrheit ist entschieden für Demetrius, die Bischöfe, die als Katholiken Rußland abgeneigt sind, die Senatoren, auf die Mnischek einen großen Einfluß hat, und die von Marina bearbeiteten Landboten. Statt der „etlichen von den ältern Palatinis" und der „Bischöfe" des Entwurfs treten in der Ausführung nur der Kastellan von Krakau, nach Connor der erste Weltliche, und der von Schiller an letzter Stelle angeführte Bischof von Wermland ein. In steigender Entschiedenheit erklären sich beide und mehrere zugleich rufende Landboten für das Anhören des Demetrius, während Leo Sapieha, wie Schiller (S. 537) sagt, als Gegner des übermächtigen Mnischek, Staatsfreund und Aristokrat, darin eine

---

*) Nach „mit sich bringen" (10) hat die Handschrift weiter die Worte „noch eine große Angelegenheit", die, obgleich sie auch Boxberg beibehält, unmöglich in den Text gehören, nur eine frühere Fassung des unmittelbar folgenden sein können. Körner strich das einen Vers beginnende „Nichts", schloß mit V. 7 und setzte danach eine Lücke.

halbe Anerkennung sieht. Auf ihn führte die Erzählung Müllers
S. 130 ff.), er habe als polnischer Abgesandter mit Boris einen
zwanzigjährigen Frieden geschlossen. Mnischek selbst hält sich
absichtlich zurück, an seiner Stelle tritt der von Marina ganz
gewonnene Odowalsky ein, von dessen Beziehungen zu ihr wir
erst später Zeuge werden. Der Erzbischof von Gnesen läßt sich
durch den Widerspruch nicht stören, er stellt zum zweiten- und
drittenmal die Frage, ob man Demetrius vernehmen wolle.
Schiller, der seine Darstellung mit Lokalfarben tränken wollte,
hatte sich aus Connor angemerkt (S. 344): „Formalität der
dreimal wiederholten Frage." Auch die etwas unnöthige pol=
nische Bezeichnung der Hauptlandtags nahm er daher (vgl.
S. 50). Der Krongroßkanzler*) genehmigt im Namen des Königs
die Zulassung des Demetrius mit den Worten: „Er stelle sich
vor unsern Thron", was auch vom Reichstage (von den Senatoren
und Landboten ausdrücklich) gebilligt wird. Darauf gibt der
Krongroßmarschall mit seinem Stabe dem Thürhüter das Zeichen
zum Einlasse. Aber Sapieha erhebt Einspruch wegen des
Friedens mit Rußland; der Krongroßkanzler, der in der Nähe
des Thrones steht, soll ihn niederschreiben. Der Einspruch ist
kein Veto, das gefaßte Beschlüsse zerreißt.

Schon die Art, wie Demetrius den Reichstag begrüßt, zeigt
fürstliche Haltung, noch mehr seine Erwiderung auf den Vor=
schlag des Primas, sich einen Anwalt zu wählen**), und seine

---

*) Der Entwurf nennt statt seiner den Krongroßmarschall. Weiter unten
kommt der Krongroßkanzler zu Sapieha im Namen des Königs; dort stand im
Entwurfe statt seiner ein Bote.

**) Im Entwurfe war diese Antwort nicht ausgeführt; es hieß nur, sie
athme ein edles Selbstvertrauen, und zeige eine erhabene Naivetät, die ihm gleich

58 II. Entwicklung der Handlung.

warme, auf die Eitelkeit der Polen berechnete Aufforderung, sein Recht zu schützen.*) Der Primas fordert ihn nun zum Beweise auf, daß er der Sohn des Zaren Iwan sei. Freilich hat die Kommission die ihr vorgelegten Beweise bewährt gefunden, aber Prinz Dmitri, wie er in der Anrede, abweichend von der Personenangabe, heißt (sonst wird er im Texte auch Dimitri genannt), muß sein Recht vor dem Reichstage selbst begründen, der darüber Beschluß zu fassen hat. Der Dichter bedurfte dieses Nachweises, damit der Zuschauer, nachdem die Darstellung der Anerkennung in Sambor aufgegeben war, Kenntniß von der Sachlage erhalte und der Prinz auch hier sein lebhaftes Bewußtsein von der Wahrheit seines Anspruches verrathe. Er beginnt**) mit

---

die Herzen gewinne. Die erste Fassung schloß mit dem neunten Verse bei den Worten „Versammlung reden". Schiller versuchte aber später eine andere Fassung der fünf letzten Verse, die er jedoch nicht zu Ende führte, sondern am Schlusse eine Lücke ließ. Dies ergiebt sich aus Goedekes Note. Höchst verwirrend ist es, daß dies bei Vorberger nicht bemerkt ist. Die zweite Fassung sollte hier und sonst, wo sie nicht schließlich angenommen ist, unter dem Texte stehn, nicht beide nebeneinander sich den Weg sperren.

*) Dem vorletzten Verse dieser Rede fehlte der Schluß. Im Entwurf hieß es hier bloß „in unbeschränkter Machtvollkommenheit". Die vorhergehende, am Anfange und zu Ende lückenhafte Rede des Erzbischofs wurde im Entwurf dem Krongroßmarschall gegeben und nur mit den Worten angedeutet: „er möge reden, die erlauchte Republik sei geneigt, ihn zu hören". Die hier und sonst gegebene, bei Goedeke in Klammern geschlossene Ausfüllung der Lücke kann nur einen Fingerzeig geben, wie Schiller wohl schließlich geschrieben haben könnte, sie hat selten eine bedeutende Wahrscheinlichkeit. Wir müssen uns hier eben mit dem begnügen, was Schiller wirklich geschrieben.

**) Förmlich werden alle Theile der Versammlung vom Könige bis zu den Landboten herab angeredet. Der König hat den gangbaren Titel „großmächtig". Schiller hatte sich aus Connor angemerkt, die Polen redeten ihn „großer" oder „gnädiger König" an. Die Bischöfe werden als würdig, die Woiwoden als mäch-

der Erzählung, wie Boris sich durch die Ermordung des Zaren Iwanowitsch den Weg zum Throne gebahnt.*) Daß Boris auch Schwager des Zaren Fedor war, hat Schiller aus dem prosaischen Entwurfe nicht aufgenommen. Der Primas läßt die Schuld des Boris an dem Morde auf sich beruhen, fordert aber sodann die Beweise, daß der Prätendent, der nach sechzehnjähriger Stille jetzt auftrete, wirklich der nach allgemeiner Sage umgekommene Prinz sei. Zwölf Jahre sei man vom Tode des Zarewitsch überzeugt gewesen, heißt es im Entwurf. Aber in Schillers eigenen Aufzeichnungen (S. 355) steht: „Demetrius war sechs Jahre alt, als er von seiner Mutter getrennt war. Im Stück wird er zwanzigjährig supponirt. [Nach der Geschichte war er fünf Jahre älter. Vgl. S. 359.] Es sind also seit Boris' Regierung etwa 15 oder 16 Jahre verflossen." Wirklich regierte Boris allein nur acht Jahre, seit 1596; der Zarewitsch ward 1591 ermordet. Den mit „Wie blieb" bedinnenden Vers ließ Schiller unvollendet. Auf die Mittheilung, daß er erst in diesem Jahre dem Kloster entflohen sei, findet es der Primas sonderbar, daß schon vor seiner angeblichen Flucht die Sage, der Prinz lebe noch, den Boris beunruhigt habe**), was in dem zu Sambor spielenden Akte

---

tig bezeichnet. Die Landboten heißen als Abelige „gnädige Herren". Angemerkt hatte sich Schiller, daß die vornehmen Abligen diese „gnädige Herrn Brüder" anrebeten.

*) Im Entwurf wird von sieben Gemahlinnen geredet. Schiller, der selbst in der Genealogie S. 326 **sechs** anführt, ließ sich durch Levesque zur Aenderung in **fünf** bestimmen, da dieser behauptete, russische Geschichtschreiber kennten nur so viele. Die Zahl **sieben** ist richtig.

**) „Und stellte Sastafs an die Grenzen." Nach Treuer: „Daher sendete er an alle Grenzen nach Polen zu seine Sastafs, welches eine gewisse Art von gardes ist, die nur zu Pestzeiten zur Verwahrung der Päße gesetzet werden."

auch die russischen Kaufleute hervorhoben. Für Demetrius bildet diese Aeußerung bloß den Uebergang zur weiten, nur einmal in der zweiten Fassung durch eine nicht vollendete Zwischenrede Mnischeks*) unterbrochenen Erzählung, auf wie wunderbare Weise seine fürstliche Geburt bei dem Woiwoden von Sendomir entdeckt worden. Mehrfach weicht diese Darstellung von der früher gegebenen (S. 41 f.) ab. Noch im prosaischen Entwurf tödtet Demetrius den Palatinus von Lublin, in unserer Ausführung den Kastellan von Lemberg, wobei Schiller nicht beachtete, daß nach Müller (S. 203) Mnischek selbst Kastellan von Lemberg war. Wenn es heißt: „Der Kastellan von Lemberg ... beleidigt meine Leidenschaft", so ist unter der Leidenschaft nur die Ver=ehrung Marinas zu verstehen. Leidenschaft heißt diese auch S. 322**). Ganz abweichend von der frühern Erzählung, wonach die Entdeckung im Gefängniß geschah, hieß es bereits im Entwurf: „Ich kniete schon auf dem tödtlichen Block, entblößte meinen Hals dem Schwert. In diesem Augenblicke ward ein Kreuz sicht=bar."***) Die im Entwurf genannten „einige russische Bojaren" sind zu „drei Bojarenkinder" oder „drei Sinbojaren" (ein niederer Grad des Adels) geworden. Neu ist, daß diese das Kleinod an neun mit Amethysten durchschlungenen Smaragden erkennen und wissen, daß der Knäs Mstislawskoy es dem jüngsten Sohne

---

*) „Ja so verhält sich." Im Entwurf steht nachträglich: „So ist's ge=schehen. Er erzählt alles nach der Wahrheit."
**) Hier wird ein Vers vor „Mir selbst noch fremd" durch ein anfangendes „D" („Doch"?) und vor „So schwer gereizet" ein anderer durch einen Strich an=gedeutet.
***) Zu dieser Aenderung ließ sich Schiller wohl durch die Erzählung des Tempelherrn in Lessings Nathan I, 5 bestimmen.

Erster Akt erster Auftritt.

Jwans umgehängt hat.*) Knäſe (Kniäſſe) ſind Prinzen aus Ruriks Nachkommenſchaft, wie Schiller ſich angemerkt hatte (S. 334). Sodann wird auch der kürzere rechte Arm, zum Schluſſe der alles entſcheidende Pſalter angeführt, worin der Jgumen (Prior nach S. 353) in griechiſchen Worten geſchrieben, der Beſitzer, Mönch Waſili Philaret**), ſei Prinz Dmitri, Jwans jüngſter Sohn, den Andrei, ein ehrlicher Diak (Geheimſchreiber), in jener Mordnacht geflüchtet.***) Aus dem einen Kloſter, worin nach dem Entwurf mehrere Beweiſe aufbewahrt ſein ſollen, ſind zwei geworden. Die dort nachgetragene Anerkennung von den beiden Ruſſen ging auch in die Ausführung über. Dagegen ließ der Dichter hier die Zwiſchenbemerkung des Primas weg: „Seltſam! Höchſt außerordentlich! Aber das ſind die Fügungen des Himmels!" da ihm zur Zeit keine genügende metriſche Faſſung einfiel. Was darauf von den ihm plötzlich aufgehenden Erinnerungen aus ſeiner früheſten Jugend berichtet wird, fand ſich weſentlich ſchon in der Erkennung zu Sambor, dann glücklicher in dem Entwurf, ward aber erſt in der metriſchen Ausführung vortrefflich zu wirkſamſter Kraft geſteigert. Den drittletzten Vers hat Goedeke nach dem proſaiſchen Entwurf ergänzt, aber hätte dieſer Ausdruck dem Dichter wirklich genügt, ſo würde der Vers nicht unausgefüllt geblieben ſein, was in gleicher Weiſe von

---

*) Früher ſtand „Fürſt Miſtlaslow". Die richtige Namensform findet ſich II, 1. Vgl. oben S. 31.

**) Romanows Vater Fedor Nikitiz, den Boris ins Kloſter geſtoßen, nahm den Namen Philaret an (S. 352). Schiller griff dieſen Namen auf. Auffallend iſt auch der mit dem Mönchsnamen verbundene Vorname. Mönche nehmen bloß einen Vornamen an.

***) Nach Müller S. 169 hatte Demetrius in Polen angegeben, die Diakon Andrei und Waſili Schtelkalow hätten ihn gerettet.

seinen anderen, von Boxberger unbedentlich aufgenommenen Ausfüllungen gilt. Auch Körners Ergänzung des letzten nur durch „Als" angedeuteten Verses ist haltlos. Schiller fand eben augenblicklich nicht, wie er den Worten „als meinen Ursprung verleugnen" eine des Schlusses der Rede würdige Gestalt geben könne.*)

Wie sehr auch der Primas vor allen von der Begeisterung und der selbstbewußten Sprache der Wahrheit hingerissen ist, so darf er doch die Möglichkeit nicht übersehen, daß der Prätendent selbst betrogen sei, und so fordert er Bürgen zur Bestätigung seines Wortes. Der Entwurf hat hier bloß: „Was stellt ihr uns für Bürgen der Wahrheit auf?" aber nachträglich folgte die Begründung, nur etwas breiter als in der metrischen Gestalt. Daß seine Zweifel wenig Gewicht haben, ist keineswegs zu tadeln. Der Prätendent ist bereit, fünfzig Eideshelfer zu stellen.**) Zunächst nennt er als solche den Woiwoden von Sendomir und den Kastellan von Lublin.***) Nach Müller (S. 206) berief er sich beim Könige von Polen auf mehrere Leute aus Kiew. An der Stelle der durch zwei Striche bezeichneten Lücke läßt der Entwurf Mniscek und den von Marina gewonnenen Landboten Odowalsky eintreten; mit dem letztern erheben sich viele von den Senatoren als Eideshelfer. Da kann auch der Primas

---

*) In der ersten metrischen Fassung fehlte noch die ganze Stelle „Im schwarzen Nachtgraun" bis „sie zerbrechen will".

**) Im Entwurf will er „zwanzig Eideshelfer, alle edle Proben (Polen?) untadeliges Rufes" stellen. — Das in der metrischen Fassung gewählte Piasten bezeichnet „alle eingeborenen Großen, insofern sie Kompetenten des Throns werden (S 344)".

***) Für letztern war im Entwurf „der Palatin von ***" genannt. Den Kastellan von Lublin fand Schiller von Connor besonders hervorgehoben.

Erster Akt erster Auftritt.

nicht länger widerstehn; er faßt alle Beweisgründe bündig zusammen und erklärt jeden Zweifel geschwunden. Nach dem Primas stimmen auch der Erzbischof von Lemberg, mehrere Bischöfe und Palatine, Odowalsky und eine größere Anzahl Landboten für die Anerkennung. Nur der freilich Mnischek feindliche, doch zunächst für das Wohl und die Ehre Polens besorgte Sapieha bittet die in Masse sich erhebenden Landboten, die Sache nicht zu übereilen.*) Aber Odowalsky, der selbst nur Marinas Sache betreibt, sucht den Widerstand durch den leidenschaftlich geäußerten Verdacht, des Boris Freunde steckten dahinter, und durch die Hinweisung, daß die Polen sich als ein freies Volk zeigen müssen, aufzuhetzen. Ausgefallen ist hier die laute Erklärung des Reichstags für Demetrius. Goedekes Vermuthung, Sapiehas Antwort habe auf der abgeschnittenen untern Hälfte des Blattes gestanden, ist ebenso irrig als das von Körner nach der folgenden Rede des Demetrius zugesetzte: „Antworten der Senatoren, die dem Demetrius beistimmen", wofür er früher geschrieben hatte: „Senatoren [Bewegung unter den Palatinen und Landboten]", das, wie das sonst ganz unverständige „Senatoren" zeigt, nach dem Verse: „O habet Dank, erlauchte" stand, den Körner durch „Senatoren" vervollständigen wollte. Daß vor diesem Verse das laute Geschrei der im Senatssaale versammelten Stände den Sapieha zum Stillschweigen gebracht, ist unverkennbar. Vorberger folgte ohne jede nähere Angabe Goedekes alles verwirrender Annahme.

Bei der Aufforderung, seine gute Sache zu unterstützen, beruft sich Demetrius auf die gemeinsame Pflicht aller Staaten,

---

*) Der Schluß der Rede hat eine Lücke von vier Silben.

II. Entwicklung der Handlung.

dafür zu sorgen, daß jedem auf der Welt das Seine werde, ein Gedanke, den nur seine schwärmerische Sehnsucht, die ihm gebührende Krone zu erlangen, eingeben kann*), welcher im Leben der Staaten unendliche Verwirrung anrichten würde. Im Entwurfe schloß sich hier gleich die Bitte an**), ihm Truppen zu geben, womit er das Reich seines Vaters erobern möge, und so sich in ihm einen dankbaren Bundesgenossen, einen ewig treuen Nachbar und Freund zu erwerben, die jetzt erst weiter unten in der Anrede an die Senatoren steht. Darauf sollte ein Wort Odowalskys folgen, das aber unausgeführt blieb. Daß auch Goedeke ganz irrig hier die Senatoren beistimmen läßt, ist bereits erwähnt. Seine Bitte legt Demetrius dann nacheinander dem Könige, der, in einem Kerker zur Welt gekommen, nur durch Großmuth befreit worden***), den verschiedenen Ständen, den Senatoren†) und den Landboten ans Herz.††) Die Landboten, auf deren

---

*) Woher bei Goedeke die beiden Verse „Leiht mir ... Väter" (denn auch der zweite Vers fehlt bei Körner) und weiter die Ausfüllung „Daß alles... begräbt" stammen, ist aus seinen Angaben nicht mit Sicherheit zu ersehen.

**) „Er dankt dem Reichstag für diese Aeußerung und geht nun auf die Hülfe über, die er fordert."

***) Der Entwurf spricht nur von seiner schwedischen Gefangenschaft. Schiller folgte hier Müller, nach dem Demetrius den König an seine Geburt in der Gefangenschaft erinnert habe. Diese ist ungeschichtlich. Im folgenden Auftritte stellt der König selbst die Sache richtiger dar. Im Jahre 1602 als König von Schweden abgesetzt, war er noch immer im Krieg mit Schweden begriffen, das Karl IX. zum Thron berufen hatte. — Nach „O übe Großmuth auch an mir!" sind die Worte „in mir Erstatte" durchstrichen und eine Lücke angedeutet.

†) Den Vers „Hier ist der Augenblick" hat Körner „durch edle That" ergänzt, das sich dann fortgepflanzt hat. Die Stelle lautet im Entwurf viel prosaischer.

††) Den mit „Landboten" beginnenden Vers hat Körner nicht glücklich mit den Worten „der erlauchten Republik", das Schiller so nahe lag, daß er es ge-

Erster Akt erster Auftritt.

Theilnahme er besonders rechnet, fordert er in schwungvollen Worten auf, sich selbst am Zuge gegen den russischen Usurpator zu betheiligen, indem er in einer freilich im Munde eines Zaren sonderbaren, selbst durch den Eifer, sie für sich zu gewinnen, kaum zu entschuldigenden Weise sie auf die reiche Beute hinweist, die ihnen Moskaus Güter und der von dem Feinde zusammen= geraubte Schatz bieten werden.*)

Hier sollte nun der Kosakenhetman Korela sich zur Theil= nahme bereit erklären [sein im Entwurf fehlendes Eintreten blieb aber unausgeführt], wodurch Odowalsky eine erwünschte Hand= habe erhielt, um so kräftiger zum Einfalle in das Land des Zaren aufzufordern**); dies würde ihnen Rußlands Dank ge= winnen, Polens Macht und Größe vermehren. Schiller hatte sich über die Kosaken manches aus Müller angemerkt (S. 345 ff.). Aus ihm wußte er, daß die saporoger und die donischen Kosaken Abgeordnete zu Demetrius nach Sambor geschickt; ein Abgesandter der erstern war der Ataman (Hetman) Korela, der ihm ver= sprach, Gut und Blut, Leib und Leben für sein Recht einzusetzen. Bald hatte er sich entschieden, Korela auf dem Reichstag erscheinen zu lassen und dem ihn anziehenden Kosakenwesen während des Zuges eine Ausführung zu widmen. Er dachte sich ihn schon von Marina gewonnen, und im Bunde mit Odowalsky, wie sich später

---

schrieben haben würde, wäre es ihm nicht zu trivial gewesen. Der Entwurf hatte „ihr eble Landboten, ihr muthigen freien Edlen".

*) Der Entwurf schloß ursprünglich: „Erkaufet euch Schlösser in Rußland, keiner, der mich begleite, soll arm nach Hause kehren." Der nachträgliche Zu= satz: „Wenn ich auf dem Kreml in Moskau als Zar einziehe, so soll jeder, der mich dahin begleitet," blieb unvollendet.

**) Wenn er sagt, von den Schweden sei nichts zu fürchten, so stand Polen wirklich seines Königs wegen noch immer mit diesen in Krieg.

Schiller, Demetrius. 5

II. Entwicklung der Handlung.

zeigt. Nach dem Entwurfe sollte Demetrius darauf eine Provinz den Polen versprechen, um die lange gestritten worden. Dies fiel mit Recht bei der Ausführung weg, obgleich Müller S. 206 vom Anerbieten der Stadt Smolensk nebst Gebiet und ganz Severien an Polen spricht. Auf Odowalskys Ruf fordern viele Landboten Krieg mit Rußland; andere verlangen, daß man zur Abstimmung schreite.

Sapiehas Bitte um das Wort wird durch das Lärmen im Saale und draußen, wo zahllose von Marina gewonnene Scharen auf die Kriegserklärung warten, übertäubt, so daß es dem Krongroßmarschall unmöglich scheint, dem Woiwoden das Wort zu verschaffen. Dieser wird dadurch so aufgeregt, daß er dem Krongroßmarschall, wenn er nicht eben auch, wie die Landboten, bestochen sei, ernstlich besiehlt, den Tumult dadurch zu beruhigen, daß er seinen Stab in den Saal werfe.*) Als er endlich zum Worte gelangt, erhebt er dagegen Widerspruch, daß man den im Auftrage des Königs von ihm beschworenen Frieden meineidig brechen wolle. Demetrius entgegnet entschlossen, der Vertrag sei nichtig, wie der, mit welchem er geschlossen worden; nicht Boris sei der Zar, sondern er selbst, den dieser gewaltsam zu beseitigen gesucht. Der stürmische Odowalsky will die Heiligkeit eines Vertrags nicht anerkennen; Polen könne jederzeit seine Ansicht ändern.**) Aber Sapieha wird dadurch gereizt, die ganze Sache für ein bloßes Spiel des Woiwoden von Sendomir zu erklären, der diesen Zar aufgestellt und schon mit seiner Tochter verlobt

---
*) Schiller hatte sich angemerkt: „Entsteht ein Tumult, so schlägt der Großmarschall mit dem Stab auf die Erde."
**) Den dritten Vers, der erst nachträglich eingeschoben ist, hat Schiller nicht ausgeführt. Körners Ergänzung ist wenig wahrscheinlich.

Erster Akt erster Auftritt.

habe, um sie zur Zarin zu erheben: die Mehrheit sei von ihm bestochen; er wolle die Freiheit ihrer Stimmen zwingen; mit dreitausend Pferden und seinen Lehnsleuten überschwemme er Krakau; letztere erfüllten schon die Hallen ihres Hauses. Aber gegen ihn sollen sie nichts ausrichten; er wird es durchsetzen, daß man den Frieden halte. Schiller hatte sich aus Connor das ungeheuer große Comitat der polnischen Edelleute auf dem Landtage angemerkt, und daß sie 5000 bis 10000 Mann beritten auf die Beine stellen könnten (S. 342. 343). Der dreitausend Pferde finden wir schon in dem zu Sambor spielenden Akte gedacht. Mnischeks Einfluß ist so stark, daß weder der König noch einer von den Ständen zu Sapieha hält, sondern auf Odowalskys Wort die beiden dazu bestimmten Bischöfe sich erheben, um die Stimmen zu sammeln. Jetzt erst bittet der Primas den so schmählich verlassenen Sapieha, die Sache nicht aufs äußerste zu treiben. Auch der König läßt ihn durch den Kronmarschall um Nachgiebigkeit bitten*), und der von ihm eben so angefahrene Krongroßmarschall sucht ihn zu besänftigen; kann er ja, wie jeder Stimmberechtigte, durch sein einfaches Veto (das Wort „Es beliebt mir nicht") den Reichstag zerreißen, die sämmtlichen Beschlüsse desselben, die so viel Mühe gekostet, zu nichte machen. Dazwischen erfahren wir aber durch des Thürhüters leise an Odowalsky gesprochene Worte, daß selbst dieser bestochen ist und Marinas bewaffnete Anhänger nicht weichen wollen. Die „vor der Thür" sind eben die Anhänger Marinas, die von dieser gehetzt werden. Alles kann auf den von seiner Ueberzeugung und von Ingrimm über Mnischeks Verschwörung in gleicher Weise

---

*) Im Entwurf ersetzte dessen Stelle ein Bote.

getriebenen Sapieha keinen Einfluß üben. Die Mittheilung des Ergebnisses der Abstimmung auf der rechten Bank läßt Sapieha mit dem gefürchteten Veto leidenschaftlich ausbrechen, aber er begnügt sich nicht damit, sondern erklärt noch ausdrücklich, was sich von selbst versteht, alle Beschlüsse für aufgehoben. Im allgemeinen Aufstand läßt der von den Landboten mit ihren Säbeln bedrohte, von den Bischöfen mit ihren Stolen beschützte Sapieha sich zu einer bittern Verdammung der gesetzlich bestehenden Entscheidung der Stimmenmehrheit hinreißen. Odowalsky unterläßt nicht, dieses als Verrath zu bezeichnen, wodurch er die von Sapieha als Bettler verachteten, für Marina gewonnenen Landboten zur höchsten Wuth anfreizt.*) Zur Rettung muß der Primas selbst mit dem seinem Kaplan aus der Hand gerissenen Kreuze eintreten, und so gelingt es durch Hülfe sämmtlicher Bischöfe mit Noth den noch immer mit den Blicken drohenden Sapieha zu entfernen. Diese höchst wirkungsvolle Darstellung wie die ganze Dramatisirung des Reichstages gehört zu Schillers großartigsten Gestaltungen, bei welcher freilich hie und da gangbare polnische Ausdrücke, wie Rokosz, Seym Walny, Castaff, hätten vermieden werden sollen. Schiller hatte sich manches der Art gemerkt und viele einzelne freie Züge erdacht, von denen er manche bei dem mit mächtiger Dichterkraft entworfenen Bilde unbenutzt ließ.

Nur Demetrius und die Anstifter der Sache bleiben im

---

*) Den Schluß des Entwurfes hat Schiller aufs glücklichste dramatisch gehoben; denn dieser schloß die Reichstagsszene nach Sapiehas scharfem Ausfall mit den Worten: „Die Bischöfe flehen ihn an, sich zu mäßigen und die Landboten nicht aufzubringen. Diese würden ihn in Stücken hauen; darum umgeben ihn die Bischöfe, um Unheil zu verhüten, und bringen ihn hinaus."

Saale zurück, was dem Dichter als Uebergang zu der Szene mit dem König diente, der dem Demetrius seine Theilnahme aussprechen und von dem die Verlobung mit Marina erfolgen soll, die ursprünglich schon für Sambor bestimmt war. Odowalsky kann seinen Aerger nicht verhehlen, wobei er unwillkürlich verräth, daß er am Gelingen seines Streiches nicht gezweifelt habe. Aber hat der Reichstag auch Rußland nicht den Krieg erklärt, er will es mit ihrer eigenen, schon zu Krakau versammelten Macht ausführen. Daß der Kosakenhetman dafür gewonnen war, verräth dessen Aerger.

Zweiter Auftritt. Im Entwurf fand sich hier nur: „König Sigismund kommt, von den Kronbeamten begleitet, und umarmt den Demetrius, dem er eine unverstellte Theilnahme bezeugt. Er beklagt, daß er ihn nicht als König und im Namen der Republik unterstützen könne; übrigens läßt er ihn nicht undeutlich merken, daß er ja mächtige Freunde habe, die sich seiner annehmen werden. Die Polen seien frei und sie könnten für sich handeln. Er verspricht ihm seine Freundschaft und wünscht ihm Succesie." Der König, der schon längst an den gerechten Ansprüchen des Prätendenten nicht gezweifelt (nach dem, was er gehört und aus den Beweisen ersehen, auch nach dessen persönlichem Eindrucke), umarmt ihn als Prinzen und gestattet nachdem er das heutige wüste Schauspiel entschuldigt,*) allen Polen, unter denen mächtigere als er selbst seien [er deutet auf Mnischet], ihm zu folgen. Auch stehe ja der Kosak bereit, für ihn

---

*) Den Vers: „Ihr habt ein Schauspiel angesehen". hat Körner durch „böses", Goedeke durch „lärmend" vor „Schauspiel" ergänzt. Was Schiller geschrieben haben würde, ist nicht zu sagen. Die Bemerkung Mnischels von einem guten Steuermann soll wohl eine Höflichkeit sein.

einzutreten. Unter dem Kojaken versteht er neben den saporogern auch die donischen, die zu Kiew eine große Macht gesammelt hatten. Mnischek äußert etwas unzart, der ganze gegen Sigismund aufgestandene Adel könne sich jetzt gegen Moskau wenden. Der König geht darauf nicht ein, sondern bemerkt dem Demetrius, daß er, wenn er sich vor seinem Volke so zeige, wie heute auf dem Reichstage, das Herz desselben gewinnen und so seinem Throne die einzige feste Grundlage geben werde, wobei er auf sein eigenes Mißgeschick deutet, daß er den ererbten Thron verloren, weil ihm die Volksgesinnung widerstrebt habe, ohne aber auf den Grund dieser Entfremdung einzugehen, der besonders in seiner Bevorzugung des Katholizismus lag.*) Wenn der König dem Prätendenten sein Wohlwollen bezeigt, so geschieht dies aus Freundschaft für den mächtigen Mnischek, auch weil es ihm nicht unlieb ist, daß so manche ihm aufsätzige Große ihre Kräfte an Rußland schwächen und weil ein Erfolg des Prätendenten nicht unmöglich

---

*) Der Schluß seiner Rede war rasch hingeworfen, freilich mit Anklängen an Verse. Körner hat willkürlich daraus vier, den Gedanken richtig wiedergebende Verse gemacht, die aber Schiller kaum als die seinigen anerkennen würde. Nach Schillers Zeilen:

Ich bin der Schweden geborener König,
Ich habe den Thron friedlich bestiegen,

folgte ein mit „Ich habe" beginnender, der aber unausgeführt blieb, und wohl sagen sollte, daß er redlich seine Pflicht zu erfüllen bestrebt gewesen sei, wozu dann den Gegensatz bildeten die Zeilen:

Und doch hab' ich den väterlichen Erbthron verloren,
Weil mir die Volksregung zuwider ist.

Schiller änderte „mir die Volksgesinnung widerstrebt" (nicht „widerstrebte", wie Körner gab). Den vorhergehenden Vers könnte man fünffüßig machen, wenn man „mein väterliches Erb" versuchte. Schiller eilte hier offenbar, um zu dem ihn anziehenden folgenden Auftritte zu gelangen.

Erster Akt zweiter und dritter Auftritt. 71

scheint. Marina spricht sich darüber im vierten Auftritt gegen
Odowalsky aus. Boris hatte ihn vergebens zu überzeugen ge=
sucht, daß der Prätendent ein Betrüger sei (Müller S. 212 f.).
Dritter Auftritt. Marina sucht den Demetrius auf, wohl
nicht ohne zu wissen, daß der König gegenwärtig ist; denn sie
will, daß ihre Verbindung mit Demetrius von demselben voll=
zogen werde und von dessen Macht ein Glanz auf diese falle.
Die Worte, mit denen Marina eintritt, hat Schiller nicht aus=
geführt, dagegen den weitern sehr magern Entwurf*) mit Vorliebe
behandelt, wobei er freilich den diesen schließenden Antrag Ko=
relas weglassen mußte. Mnischek läßt die Tochter vor dem Kö=
nig niederknien, damit sie vom hohen Schirmvogt ihres Hauses
den Gatten empfange.**) Der König erfüllt den Wunsch seines
„Vetters" [so nennt er Mnischek, weil er ihm selbst jetzt seines
Eidams wegen höhere Würde zuschreibt], zugleich spricht er die
Hoffnung aus, sie bald auf Moskaus Thron zu sehen. Von der
Erwiderung Marinas ist der erste mit „Herr" beginnende Vers
nicht ausgeführt. Mit verehrenden Worten mahnt der König
Marina, die er ohne weiteres als Zariza begrüßt, sich von der

---

*) „Mnischek verspricht die Tochter in Gegenwart des Königs mit dem
Zarewitsch. Der König sanktionirt die Verbindung und behandelt die Marina als
Zarische Braut. Demetrius unterzeichnet den Vertrag. Die Laubkarte." Die
zwischentretenden Worte: „Auch hat Sigismund immer nur zu gewinnen, wenn
Rußland geschwächt wird", können nur später eingeschoben sein, was bei dem
unmittelbar vorhergehenden „Ursache, warum Sigismund sich gegen den Woiwoden
so gefällig zeigt", durch Parenthesenzeichen angedeutet ist.

**) Den von Schiller unvollendet gelassenen Vers: „Der Prinz von Moskau"
haben Körner und Goedeke auf verschiedene Weise ausgefüllt. Zwei Verse vor=
her veränderte Schiller selbst das ursprüngliche „Majestät" in das metrisch
richtige „Hoheit".

ihrer unwürdigen knieenden Stellung zu erheben. Besonders bedeutsam tritt der Schwur hervor, den der durch des Königs Gnade noch gehobene hochherzige Bräutigam in dessen Hand thut, wobei er sich gleich in seiner Zarenwürde fühlt, seiner Braut zwei höchst bedeutende Fürstenthümer, Pleskow und Großnowgorod [Großnengart], schenkt, und da er ins Versprechen hereingekommen, Mnischek für seine Hülfe eine Million Dukaten mit polnischem Gepräge verheißt.*) Man sieht, wie sehr er sich schon als Zar fühlt, der ja durch Großherzigkeit sich auszeichnen soll, freilich in etwas ausschweifender Weise, da es auf Kosten seines neuen Reiches geschieht. Bereits oben S. 32 wurde der vorhandenen Urkunde gedacht, der Schiller hier folgt. Wir sahen, daß im Entwurf die Landkarte erwähnt war. Auch schon zu Sambor war einer „kolossalen" Karte gedacht, aber noch vor der Verlobung, und es sollte auf ihr „das Reich getheilt und vermessen werden", Demetrius demselben nichts vergeben wollen. Erst die Ausführung brachte die geschichtlich begründete Schenkung herein, ebenso die Mahnungen des von Weisheit triefenden Königs, die Erinnerungen, was er Mnischek und Polen verdanke. Demetrius übergeht die Mahnung wegen Mnischeks, aber auf die daran geknüpfte Bemerkung, er möge mit dem Kleide nicht das Herz wechseln, hält er sich vor, daß er in der Niedrig-

---

*) Nach diesem Versprechen ist die Lücke eines Verses angedeutet. Von dem mit „Doch euer Geist fliegt eurem Glücke vor" beginnenden Verse an liegt bloß eine Abschrift von Schillers Diener vor, die fehlerhaft war und, wie es scheint, von Körner frei verändert worden ist. Hier lautet der angeführte Vers: „Doch einen höhern Flug nimmt euer Geist", und das Versprechen an den „edlen Palatinus", ihren Vater, ging der Morgengabe Marinas voran.

Erster Akt dritter Auftritt. 73

keit herangewachsen sei*), und er gedenkt Polens als eines Landes der Menschlichkeit, worauf dann der König hervorhebt, wie in Polen die Freiheit, in Rußland „des Vaters heilige Gewalt" herrsche. Schon beim ersten Gedanken an den Demetrius hatte Schiller sich angemerkt (S. 355): „Ueberall ist die patriarchalisch-despotische Gewalt und die kindlich-knechtische Unterwürfigkeit darzustellen." Der König räth dem Demetrius davon ab, Polens schöne Freiheit (ihre Schönheit hatte der Reichstag in sonderliches Licht gesetzt) zu rasch nach Rußland zu verpflanzen.**) Damit nicht genug, giebt der redselige König, ein anderer Polonius, ihm noch drei Lehren.†) Demetrius will mit Dank die guten Lehren des weisen Königs annehmen, und er wünschte nur so zu handeln, daß er gleich ihm von einem freien Volke geehrt werde. Völliger Ernst kann es diesem damit kaum sein, er will nur den König sich geneigt erhalten. Aber freilich sieht man nicht den Zweck einer so weiten Ausführung der Geschwätzigkeit des Königs. Es würde genügt haben, wenn der König hier bloß den Demetrius an die Pflicht gegen seine

---

*) Hier beruhen einige Stellen auf Körners unsicherer Verbesserung der fehlerhaften Abschrift. Die Rede des Königs begann: „Ihr werdet eingedenk", neun Verse später hieß es: „Liebt dieses Land". Die Rede des Demetrius hatte vor: „Ich bin" die ganz ungehörigen Worte „Nicht ohne | Gelang", etwa Reste zweier auf Mnischek bezüglichen Verse.

**) Der Versschluß „Gebräuchen gelten" scheint von Körner ergänzt, ebenso „des Kleinen" nach „oft", dieser nach „Gehorsam" den Vers „Und keine Rechenschaft ... das Wort des Herrn", und das darauf vor „gebietet" stehende „waltet" gestrichen zu haben.

***) Von Körner stammen hier die Worte „gefunden" und „in mein Vaterland", auch das ergänzte Beiwort „froh", wofür Goedeke „frei" setzte.

†) Die Worte „zum Abschied noch von mir" sind Körners Zusatz; die Abschrift von Schillers Diener hatte statt derselben „Ich will euch, Prinz".

II. Entwicklung der Handlung.

Mutter erinnert hätte, aber Schiller wollte ihn aber als leeren Schwätzer zeichnen.*) Zuerst räth er ihm, freilich sehr verständig, da er durch Rußlands Feinde eingeführt worden, die russischen Sitten nicht zu verletzen, wobei er anführen konnte, daß es ja die seiner Heimat seien. Daß Demetrius sich in Moskau durch Verletzung russischer Sitten verhaßt gemacht, fand Schiller überliefert (S. 329. 354), und er mußte es auch selbst so darstellen. Zweitens soll er den Polen sein Wort halten und sie ehren, aber nicht ihre Sitten einführen.**) Die Erinnerung an seine Mutter***) durch deren ehrenvolle Behandlung er die Russen gewinnen werde, ist hier als Hinweisung des Zuschauers auf die Bedeutung derselben für seine Anerkennung wohl an der Stelle, wenn sie auch mehr hingeworfen als vollendet ausgeführt ist. Daran schließt

---

*) Noch in den Bemerkungen über sein Eintreten (S. 536) hatte Schiller ihn als „stumm und zurückhaltend von Natur" gedacht.

**) Diese Stelle war nicht ganz ausgeführt. Vorangeht die unvollendete Zeile: „Dem Polen haltet Wort und". Ohne Zweifel wollte Schiller dieselbe fallen lassen (wie kurz vorher die Worte: „Ihr kommt vom Ausland"), als er fortfuhr: „Ehret den Polen; denn derselbe Arm, | Der euch ins" ohne den Relativsatz zu vollenden. Körner verfuhr willkürlich, als er die Worte „Ehret den Polen" zu der ersten Stelle zog, das folgende strich. Darauf folgen acht gleichfalls von Körner gestrichene Zeilen, deren fünf erste vollständige Verse sind, bann heißt es:
Es kann mit Lappen fremder Celle sich zwar behängen,
Doch lebendig muß
Um eures Landes

Statt des Schreibfehlers „Celle" vermuthet Goedeke „Kulte". Schiller schrieb ohne Zweifel „Felle", wobei ihm des Demetrius List bei Nowgorod vorschwebte, wo er, was Schiller aus Müller sich angemerkt hatte (S. 357), seine Pferde „mit Bärenfällen" behing. Wie die Stelle bei Vorberger steht, ohne irgend eine Bemerkung, macht sie einen wunderlichen Eindruck.

***) Von hier an liegt wieder Schillers Handschrift vor.

sich die Hinweisung auf die Schwierigkeit seines Unternehmens, das Sigismund sonderbar mit dem Argonautenzuge vergleicht, besonders auf die feste Stellung des Boris, dem freilich seine Geburt kein Anrecht auf den Thron gegeben.*) Der König scheidet mit segnendem Glückwunsch**), von Mnischek und Demetrius begleitet.

Vierter Auftritt. Der Schluß des Aftes soll Marinas Thätigkeit zur Anschauung bringen, welche die ganze Sache nur in ihrem Interesse ausbeutet, kein Herz für Demetrius hat, dessen Begeisterung sie verspottet, ja den Odowalsky diesem als Wächter zur Seite gibt. Hiermit ist die Exposition vollendet. Früher sollte dem vierten Auftritt der nächstfolgende vorangehen (S. 587), wogegen die jetzige Folge schon daselbst S. 588 sich findet. Im Entwurf sollte am Anfang hier noch Korela zugegen sein, welcher der Marina, die durch ihre Verwendung ihn zum Hetman gemacht (ein flüchtiger Einfall Schillers), Blut und Leben zu widmen verspricht.***)

Marinas Gleichgültigkeit gegen Demetrius, an dessen Zarische Abkunft sie nicht glaubt, tritt eben so deutlich hervor, wie Odowalskys Neigung zu dieser, auf welche er als güterloser

---

*) Auch die Aenderungen, die Schiller versucht hat, waren keine Verbesserungen, doch hat Körner heilig (statt menschlich) theures aufgenommen. In der von Körner ausgelassenen Zeile: „Den Herrscher beschränkt kein Reichsvertrag", hat Goedeke wohl mit Unrecht dort nach Herrscher eingeschaltet.

**) Mehrere Lücken sind durch Striche angedeutet, aber Körner hat wohl mit Recht die Worte „Doch seine Thaten . , . Lebt wohl und" weggelassen, da Schiller an Stelle derselben die fünf schließenden Verse geschrieben zu haben scheint, von denen freilich V. 2 f. nicht metrisch genau, 4 unvollendet ist. Körner hat aus V. 2—4 höchst willkürlich zwei Verse geschnitzt, die freilich den Sinn Schillers nothdürftig wiedergeben.

***) Neben dem Entwurfe liegt auch noch eine ältere, zum Theil ausführlichere metrische Fassung vor, die Goedeke in den Anmerkungen gibt.

76 II. Entwicklung der Handlung.

Vasall keinen Anspruch erheben konnte, deren Erhebung zur Zarin aber für ihn eine Herzenssache ist.*) Marina widmet ihm alle Liebe, der ihr ganz von Ehrgeiz erfülltes Herz fähig ist**), da sie in ihm den Mann gefunden, der ihre Pläne ausführen wird. Wie wenig sie sonst den Menschen traut, zeigt ihr Verdacht gegen den König, dessen so freundliches Begegnen sie als ein berechnetes Spiel erkennt, ja diesen steigert sie so weit, daß sie selbst in dem Auftreten Sapiehas, des edlen, wahrhaft patriotischen Mannes, nur eine Verabredung mit dem Könige wittert.***) Die Hauptsache ist, daß Odowalsky in Kiow [dies ist die von Schiller gebrauchte ältere Namensform], wo die gegen Rußland ziehenden Schaaren sich versammeln sollen, diese nicht bloß dem Prinzen, sondern auch ihr schwören lasse, was freilich etwas stark ist, und er den Demetrius überwache, dessen Treue ihr nicht sicher ist, da er, der Russe, die Polen hassen müsse.†)

Fünfter Auftritt. Die Unterredung wird unterbrochen durch das Eindringen bettelhafter polnischer Adligen, die mit ausziehen wollen. Der Entwurf dieser Szene fehlt, aber eine ähnliche war früher in der Trinkstube zu Sambor beabsichtigt, doch

---

*) Im Verse „Ein güterloser . . . . . Vasall" ließ Schiller eine Lücke. Körner hat hier wieder willkürlich geändert.

**) In der ältesten metrischen Fassung standen an der Stelle des Verses „Drum leg' ich" folgende vier ihm die höchste Aussicht eröffnende: „Das ist Odowalskys Liebe, und glaube mir, | Du sollst mich nicht an Edelmuth beschämen. | Drum leg' ich auch mein ganzes Vertrauen auf dich, und | Mein verborgenstes Gemüth schließ' ich dir auf."

***) Körner hat hier wieder ganz willkürlich unvollständige Verse umgedichtet. Auch Goedekes Ergänzungen sind ganz ungewisse Vermuthungen.

†) Im Entwurfe (S. 433 f.) war dieser Auftritt ausgeführter und enthielt manches, was zum Theil im folgenden benutzt ist.

Erster Akt vierter und fünfter Auftritt.

auch schon damals ihre Verlegung an unsere Stelle bedacht (S. 386 ff. 528 ff.). In einem Szenarium (S. 590) werden nach dem vorigen Auftritte zwei weitere bezeichnet: „Marina. Edelleute" und „Marina. Ein anderer Trupp", in einem andern (S. 532) scheinen die Namen „Lubiensky. Zamosky" auf einen solchen hinzudeuten. Von den vielen Edelleuten werden in unserm Auftritte mit Namen nur genannt Opalinsky, Zamosky, Ossolinsky, Bielsky und Rotel, von denen der zweite und dritte Name bei Schiller auch sonst (S. 532. 537 f.) vorkommen. Die polnischen Namen, wie auch der Odowalskys, sind frei gewählt, ohne Rücksicht darauf zu nehmen, daß mehrere an bekannte Staatsmänner und Geschichtschreiber erinnern. Der Auftritt sollte nur zeigen, wie beutegierige, bettelhafte Adlige, unter ihnen Köche, Kutscher, Bratenwender und Stallknechte, zur Marina kommen und von ihr angenommen werden, so daß bald ein zahlreicher Troß zusammen ist. Glücklich ist dabei die Angabe von Connor benutzt, daß ein Edelmann Edelleute in seinem Dienst prügeln lassen könne, dies aber auf einem Teppich geschehn müsse (S. 344). Ein anderer Theil, der seßhaft ist, verlangt erst in Krakau ausgelöst zu werden, weil sie auf dem langen Reichstag ihr Geld und ihre Viktualien aufgezehrt haben, was sie zuweilen, wie Schiller sich angemerkt hatte (S. 342), zum Verlassen des Reichstags zwang. Marina aber thut nichts für diese, sondern räth ihnen, ihren Besitz zu verpfänden, nennt auch zwei Bischöfe*), die auf Pfandschaft leihen. Doch erklärt sie sich auch bereit, mit in die Trinkstube zu kommen und mit den dort Anwesenden einen Becher auf deren Gesundheit zu trinken. Es

---

*) Schon S. 385 lesen wir von dem entsprechenden Auftritt in Sambor: „Einige verkaufen Landgüter an die Bischöfe."

11. Entwicklung der Handlung.

folgt darauf eine in Prosa hingeworfene Stelle von sieben Zeilen, die Schiller als ungenügend aufgegeben zu haben scheint, und zwar, wie auch sonst, ohne sie zu streichen. Genau schließt sich Marinas Frage an, wer für sie ins Feld ziehen wolle; von Demetrius ist keine Rede. Da sich alle dazu bereit erklären, theilt sie ihnen mit, welche Truppen sich in Kiow versammeln werden. Daß nicht allein ihr Vater dreitausend*), ihr Schwager**) zweitausend Pferde geben, sondern auch die donischen Kosaken unterhalb der Wasserfälle***) ein Hülfsheer stellen, setzt einen der Polen (Körner nennt Opalinsky) so in Erstaunen, daß er sie, der nichts entgehe, zur Königin geboren erklärt, worauf sie bemerkt, sie wisse es, und müsse darum es werden. Schiller hatte diesen Zug sich nachträglich schon für den Auftritt Marinas in Sambor angemerkt (S. 386). Ebendort lesen wir schon: „Ihr solltet mit zu Felde ziehen, sagt einer; ihr seid muthig wie eine Heldin. Sie antwortet: der Geist der Klugheit wirke ohne Waffen am besten. Selbst auszuführen gehöre nicht für sie", was unmittelbar darauf glücklich ausgeführt ist. Hierbei wird der Wanda (Banda) gedacht, der sagenhaften Tochter des Gründers von Krakau. Einen Entwurf zur Behandlung ihrer Sage hatte Schiller sonst versucht. Marina entläßt die Angeworbenen nicht, ohne daß sie ihr geschworen haben, und zwar nach der den Polen

---

*) Nach „mein Vater" hat Goedeke das fehlende Wort „aufziehn" mit Körner ergänzt. Letzterer hat hier die gegebenen Stellen willkürlich geordnet.
**) Ohne Zweifel Fürst Konstantin von Wischnewezkoi (vgl. oben S. 31), der freilich mit Namen genannt sein sollte.
***) Schiller hatte sich aus Connor angemerkt (S. 346): „Saporoger hießen die Kosaken jenseits oder unterhalb der zwölf oder dreizehn Wasserfälle (porogi)", dann Saporoger am Dneper unter den Wasserfällen und donische am Don oder Tanais angeführt. Korela ist Hetmann der Kosaken um Kiow.

Erster Akt fünfter und sechster Auftritt.

eigenen Sitte, in lateinischer Sprache, aber mit Verletzung der
Quantität der Silben, mit dem die Mittelsilbe verkürzenden Ju-
ramus, dem sie die Uebersetzung hinzufügen. Von den mit ihren
Wünschen bekannten Anhängern sügen einige Vivat Marina!
andere Russiae regina hinzu. Körner läßt sie zuletzt ihren
Schleier zerreißen und unter die Edelleute vertheilen, wobei
der Entwurf der Szene in Sambor (S. 530 vorschwebt. Im
Entwurf des vorigen Auftritts gibt Marina am Ende Odowalsky
ihren Schleier, um ihn um seinen Arm zu winden, daß er ewig
seines Wortes gedenke: sie weiht ihn also eigenthümlich zu
ihrem Ritter.

Sechster Auftritt. Marina weiß ihren Vater, der schon
bedenklich geworden, nicht allein durch die Aussicht ihrer Erhebung zu beruhigen, sondern ihn auch zu bestimmen, mit ihr
nach Kiow zu gehn, um dem Schauplatze des Krieges näher zu
sein. Ein kürzerer Entwurf dieses Auftritts wird von Goedeke
irrig unter die Samborszenen, unmittelbar vor den Abschied des
Demetrius von Lodoiska, gesetzt (S. 533). Sie soll, heißt es,
das Siegel auf Marinas Charakter drücken, dem Zuschauer
deren leidenschaftliches Interesse an dem Erfolg mittheilen,
hauptsächlich aber einen pathetischen Schluß für diesen ersten
Akt herbeiführen und aus der Rolle der Marina das Möglichste
machen helfen. So ziehen denn Marina und ihr Vater mit
nach Kiow. Den Anfang des Auftritts*) gibt der Entwurf in

---

*) Den mit „Uns lacht" beginnenden zweiten Vers hat Schiller unaus-
gefüllt gelassen. Körners und Goedekes Vermuthungen sind mehr als unsicher.
Nach V. 8 hat Goedeke aus der Handschrift nachgetragen: „Und ich erschrecke, wenn
es und miß ...", wo man „mißräth" oder „mißglückt" ergänzen kann, und als
Beginn von Marinas Erwiderung „Warum?" Ausgelassen hat Körner die Vers-

80   II. Entwicklung der Handlung.

den Worten: „Mnischek wird doch nachdenkend über das Gewagte des Unternehmens. Er setzt sein Vermögen auf diese Karte; wenn sie unglücklich fällt, so ist sein Haus auf lange Zeit erschöpft und alle die Polen, welche sich jetzt in die Sache einlassen, werden sich an ihn halten ꝛc."*) Marina erklärt, daß es ihr unmöglich sei, sich wie ihre Schwestern zu bescheiden, wobei eine frühere Stelle aus einem Gespräche mit ihren Schwestern benutzt ist. Vgl. S. 36. Mnischek wird durch die leidenschaftliche Freude der Tochter, sich als Zarin in Moskau zu denken, völlig hingerissen.**) Unmittelbar daran schließt sich die Bitte, mit ihr nach Kiow zu gehen.***) Zuletzt erschreckt den in alles aus Liebe einwilligenden Vater Marinas Gedanke, Kiow, das seit 1471 unter polnischer Oberhoheit stand, aber noch von russischen Obrigkeiten verwaltet wurde, Rußland wieder zu gewinnen.†) So sehr wird sie von ihrer Thatenlust hingerissen, daß sie darüber die Polin ganz vergißt; freilich will sie es für

---

anfänge „Ergreife" und „Was ich gewiß besitze", die Goedeke frei ausfüllt, nebst dem Verse: „Und an den Zufall wag' ich das Gewisse!"
　*) Statt „Und wie mein Vater?" gibt Körner „Wie? — theurer Vater."
　**) Der mit „Erheitre" beginnende Vers schließt unvollständig mit „mein". Unmittelbar darauf hat Körner den Versanfang „Was soll" und den Vers: „Wenn wir zuerst, wir selbst an uns verzagen?" ausgelassen.
　***) Statt süßer Vater hat Körner bester Vater. Weiter fehlten bei diesem nach dem Verse „Dort an der Grenzmark" die folgenden vier „Dringt jedes . . . fließen".
　†) Wenn sie sagt: „Ich hab' die Chroniken wohl inne", so schwebte Schiller wohl das von Müller erwähnte Chronicon Theodosianum Kiovicnse vor, nach welchem ein Stiefsohn Ruriks den russischen Staat Kiow gründete. — Bei Körner fehlen nach „Du sollst regieren" die nächsten drei Verse. Gleich darauf steht unvollständig: „Auf Kosten deines Vaterlands,... Abreißen'. Marina. „Kiow . . . . .'"

sich) haben und die Regierung davon ihrem Vater übergeben. Der Auftritt oder der Aufzug konnte unmöglich mit den Worten: „Sie brechen auf" schließen; Marina sollte wohl noch ihre freudige Erwartung bezeichnend aussprechen.

Zweiter Akt.

Jede Handlung des Stückes sollte nach Schillers ausgesprochener Absicht (S. 514) auch ihre eigene vollständige Exposition haben und immer nur auf den höchsten, bedeutungsvollsten Entwicklungsmomenten verweilen, von denen jedes ein bestimmtes ausgeführtes Gemälde sei und durch stete Abwechslung noch eine besondere Anziehung erhalte, welche auch in der kontrastirenden Szenerie zu Tage treten sollte. So hebt er hier hervor (S. 538), daß auf das belebte Bild des Reichstags (und des Zudranges der Polen) unmittelbar das öde, kontemplative und abgezogene Klosterleben folge, wobei er es auf eine sinnliche Darstellung des traurig einförmigen Klosterlebens in einem öden, kalten Polarleben abgesehen hatte, das seine besondere Farbe durch die Jahreszeit erhalten sollte. Dagegen ist die folgende Szene an der russischen Grenze „im höchsten Grade lachend und offen, und erweitert das Herz gegen das Traurigenge und Nackende der vorhergegangenen" (S. 544). Und ein ähnlicher Wechsel geht durch bis zur glänzendsten Hauptszene, dem Einzug in Moskau. Zwischen dem ersten und zweiten Aufzug liegen das Zusammentreffen der Truppen in Kiow und der Aufbruch nach der russischen Grenze, was gleich am Anfange angedeutet wird, nachdem der Sprung von Krakau nach dem im hohen Norden am weißen See (Bielo Osero) gelegenen Nonnenkloster (die Ortsbestimmung

II Entwicklung der Handlung.

fand Schiller bei Levesque) durch lebendige sinnliche Darstellung vermittelt ist.

Erster bis vierter Auftritt. Marfa (griechische Aussprache des Namens Martha), die letzte Gemahlin Iwans, war nach der Ermordung ihres jüngsten Sohnes von Boris ihres Wittwensitzes in Uglitsch beraubt und gezwungen worden, das unwiderrufliche Nonnengelübde zu thun. Davon findet sich freilich im ersten Aufzuge keine Andeutung, nur fordert König Sigismund den Demetrius auf, seine Mutter zu ehren. Sie ist jetzt vierzig Jahre alt (S. 390). Schiller hielt es für nöthig, sie schon jetzt auftreten zu lassen, nach dem allgemeinen Grundsatze, bedeutende Personen nicht erst da einzuführen, wo die Handlung sie nothwendig bedarf; dann aber auch, weil die von ihm frei ersonnene Beschickung durch Boris ihm Gelegenheit zu einem der großartigsten Auftritte bot. Demetrius konnte erst nach ihr senden, als er bereits in seinem Glücke war; es geschah von Tula aus. Von unserer „ersten Szene", wie sie Schiller bezeichnete (es sind eigentlich vier Auftritte)*), haben sich ein paar Entwürfe (S. 475 ff. 538 ff. 571 f.) nebst zwei metrischen Fassungen erhalten, welche beweisen, wie reiflich Schiller alles einzelne erwogen und welche Veränderungen bis zur endlichen Festsetzung eingetreten. So sollte ursprünglich unbekannt sein, wer Marfa sei, ein Bote die Neuigkeiten ins Kloster bringen**), Boris

---

*) In der Handschrift bilden sie den „ersten Auftritt". Als zwei werden sie in dem Szenarium S. 578. 581. 587, als brei S. 574 bezeichnet, da der Monolog nicht als Auftritt gezählt wird, aber als vier S. 590.

**) Offenbar hatte Schiller sich mit Rücksicht auf unsere Stelle aus Olearius (S. 3˙0) angemerkt: „Nachricht kommt ins Kloster durch einen Schieferdecker."

Zweiter Akt erster Auftritt.

selbst etwa verkleidet kommen und sich erst zuletzt zu erkennen geben. Daß wir bei einem Kloster uns befinden, deutet auch der Zug der hinten in schwarzen Kleidern und Schleiern über die Bühne gehenden Nonnen an. Schiller dachte früher, sie sollten schweigend aus der Kirche kommen (S. 476), später sollte ein Schall der Glocke den Auftritt eröffnen, nicht der Kirchenbesuch, sondern, und dabei blieb er, ein Austritt ins Freie bei dem Wiedererwachen der Natur im Frühling den Zug veranlassen. Marja, in einem großen Schleier, steht an einem Grabstein, wonach wir uns auf dem Friedhofe des Klosters befinden. Sie hat sich nicht am Zuge betheiligt, sie steht stumm und regungslos da, während sie früher durch Winke die vorübergehenden Nonnen bedeuten sollte, sie wolle bleiben. Viel bezeichnender verläßt jetzt eine andere Nonne den Zug, um zu der unbewegt stehenden Marja zu treten. Olga wird nur als eine Mitnonne bezeichnet, während man nach der Art, wie sie später den Patriarchen empfängt, in ihr gern die Priorin sähe. Schiller wollte ursprünglich die Marja ganz schweigen lassen, wie die Niobe in einem Stücke des Aeschylus, was Schiller bekannt sein konnte: ihr Schweigen selbst sei eine Handlung, meinte er; sie gebe, während Olga die Worte hergebe, die Sache und das Bild (S. 540). Diese Stummheit und Starrheit bildet einen wirkungsvollen Gegensatz zu ihrer spätern ungeheuren Aufregung. Auf Olgas Bitte, sich am Zuge zu betheiligen, nicht ewig ihrem Grame nachzuhängen, erklärt sie, daß das Jahr, so oft es sich auch erneuere, ihr nichts bringen könne.*) Olga bezeichnet kurz das unend-

---

*) Körner begann willkürlich V. 9 „Und du nur" statt „Nur du", wenn es nicht etwa ein bloßer Druckfehler ist.

liche Unglück, das sie betroffen, doch nach sechzehn Jahren sollte sie einmal sich wieder dem Leben zuwenden, wogegen Marfa in bitterer Hartnäckigkeit erklärt, nichts solle ihr ihren Gram abkaufen. Diese Erklärung hatte der Dichter in mehrfacher Fassung versucht. Auch wollte er einige Zeit Marfa selbst weiter ihr unglückliches Leben unter ihrem Gemahl Iwan dem Schrecklichen, die Freude der beiden Gatten über die Geburt des dem Zaren im höchsten Alter geschenkten Sohnes und das Unglück, das Boris über sie gebracht, erzählen lassen, was er aber, nachdem er es mehrfach versucht, wieder aufgab, da es den Anfang des Auftritts zu sehr belastete. Vgl. S. 571 f. Die letzte Fassung gibt auch Boxberger, aber erst S. 493. Hierbei hatte Schiller sich seiner Aufzeichnung aus Treuer bedient: „Gewohnheit im Moskowitischen, aus vielen vornehmen Jungfrauen eine Gemahlin des Zars auszulesen" (S. 328).

Zweiter Auftritt. Die Kunde vom Aufstande des Demetrius läßt Schiller jetzt sehr geschickt durch einen Fischerknaben bringen, mit welchem die Nonnen zurückkehren. Der eigentliche Zweck seiner Ankunft wird freilich nicht ausgesprochen. Olga macht die in tiefste Trauer Versunkene auf ihn aufmerksam.*) Außer jener treten zwei Nonnen Xenia und Alexia auf; für den erstern Namen dachte Schiller später Helena zu wählen, das er aber nur der ersten Rede derselben wirklich beifügte.**)

---

*) Schon auf der Rückseite eines Entwurfs der ersten Reden zwischen Olga und Marfa (S. 572) hatte Schiller eine doppelte Fassung ihrer Rede versucht, auf die Marfa erwidern sollte:
   Mich geht das Lebende nichts an. Unter Gräbern
   Laß mich leben und unter Leichenmälern.
**) Boxberger durfte Körners von Goedeke erkannten Irrthum nicht ohne irgend eine Andeutung wiederholen.

Die Begierde der Klosterfrauen nach Neuigkeiten aus der Welt (dem „Säculum") ist eben so glücklich dargestellt, wie die Nachrichten, die er bringt, gut gewählt sind. Staunen hat es erregt, daß ein englisches Handelsschiff durch das Eismeer jetzt in Archangel angekommen, was freilich Schillers Quellen schon 1568 erzählen, noch mehr aber hat der vom Posadnik (Schulze) verlesene Brief des Zaren Boris auch die Bewohner der fernsten Gegenden aufgeregt, worin dieser den von Lithauen und Polen unterstützten Demetrius für einen Betrüger erklärt. So wenig auch Marfa an die Echtheit dieses Demetrius glauben kann, so wenig vermag sie dieses Bild, das sie schmerzlich ins Leben zurückruft, aus ihrer Seele tilgen.*)

Dritter Auftritt. Da hört man eine Glocke, und die Schwester Pförtnerin berichtet, daß der Archijerei (Patriarch) als Abgesandter des Zaren vor der Pforte stehen. Der ehrfurchtsvolle Empfang des den vor ihm niederknienden Nonnen den griechischen Segen ertheilenden Patriarchen wird bezeichnend beschrieben. Olga vertritt ihm gegenüber das Kloster, wonach sie als Priorin gedacht werden muß; sie beantwortet auch die Frage nach der Schwester Marfa.**) Daß Boris' nach Marfa

---

*) Auch hier hat Körner sehr willkürlich den Text geändert. 65 gab er „verschließen" statt „verschlossen". 111 f. wurde aus „Unerforschlich sind —" der Satz „Mehr, als du begreifst, geschieht". V. 116 ist der abgebrochene Schluß eines Verses „nicht im Grab" gestrichen.

**) 129, 131 und weiter hat Körner „Erzbischof" statt „Archijerei" geschrieben, vor 129 „Der Patriarch hält draußen", 132 den unausgeführten Vers „Den werben", 141 das einen andern beginnende „Was [führt dich her]?" weggelassen. Mit Recht hat er die Worte 128: „Der Patriarch hält draußen" gestrichen, während Goedeke nicht erkannte, daß Schiller dieselben gegen den folgenden Vers aufgegeben.

II. Entwicklung der Handlung.

sendet, war Schillers glückliche Erfindung, da Demetrius es noch nicht thun konnte. Von dem Gespräche des Patriarchen mit Marfa sind uns außer der metrischen Ausführung der Plan (S. 541 f.) und der zum Theil in Versen sich versuchende Entwurf (S. 479 ff.) erhalten. Im Plane heißt es, Marfa kenne den von Boris geschickten Archimandriten (Hiob war vielmehr der erste russische Patriarch) als Mitschuldigen an des Boris Erhöhung; sie behandle ihn, der sich als verschmitzter Pfaffe betrage, schnöde und reiße ihn mit stolzer Indignation herunter. Der Pfaffe, der doch weiß, wie grausam Boris gegen Marfa verfahren ist, ahnt nicht die Tiefe des Hasses der ihres Sohnes durch Meuchelmord beraubten und eben deshalb in das Kloster verstoßenen Mutter, er wähnt ihr den seine Absicht deutlich verrathenden Auftrag als Ausfluß der Sorge des Tyrannen für die Ehre derselben einreden zu können.*) Freilich kann er nicht ahnen, daß die Kunde von des Boris Angst vor dem Prätendenten schon zu ihr gedrungen ist. Sogar ihr scharfes Wort, sie habe erfahren, wie weit sein Arm treffe, stört ihn nicht, er denkt, durch das Lob ihres hohen Geistes und ihrer Klugheit sie zu ködern, daß sie meine, es sei dem Boris nur um ihre Ehre zu thun.**) Freilich kann er selbst in der Rede, durch die er sie zu bestimmen sucht, öffentlich zu erklären, der Prätendent sei nicht ihr vor so vielen Jahren gestorbener

---

*) Körner hat den mit „denkt er dein" endenden Vers ergänzt „Auf seinem fernen Throne", gleich darauf statt „Die Welt durch" (Goedeke schiebt „strahlt" ein) willkürlich „Bricht durch die Welt" geändert.
**) Den bloß durch einen Strich angedeuteten Vers vor „Drum theilt er" und Marfas nicht ausgeführte Antwort hat Goedeke mit Benutzung des Entwurfs nothdürftig ausgefüllt.

Zweiter Akt dritter Auftritt. 87

Sohn, die große Sorge nicht verleugnen, welche dem Boris das Auftreten dieses von dem geschworenen Feinde Rußlands unterstützten verlaufenen Mönches (über Rostriga vgl. S. 31) macht.*) Marfa hält zunächst ihren Ingrimm zurück, um durch klug gestellte Fragen auszuforschen, worauf sich der Prätendent stützt, was man in Moskau denkt und wie weit der Aufstand gekommen.**) Im Entwurf heißt es: „Ihre Fragen scheinen bloß Wirkungen der Neugier und Verwunderung, daß der Archijerei keinen Anstand nimmt, sie zu beantworten; zunehmend steigt die Hoffnung, der Glaube, die Ueberzeugung der Zarin.... Nach dieser rasch und andern immer rascher gethanen Fragen, wenn der Archijerei etwas ganz anders erwartet, bricht sie los und ihr Erstes ist ein glühendes Dankgefühl gegen den Himmel, der ihr Rettung und Rache sende. Ihr Tag sei gekommen." Der Haupt=

---

*) Dem Anfang der Rede: „Ein frecher Trugner in der Polen Land, | Ein Renegat und Rostriga, der sein Gelübb' | Abschwörend", hat Körner verändert, indem er mit „Vernimm" begann, das auch im Entwurf fehlt, die vier Verse spätere Lücke durch einen Vers ausfüllte: „Ein Woywod bricht den Frieden, führt aus Polen." Goedeke schiebt nach dem Entwurfe zwei Verse ein. Zu der darauf folgenden Lücke von zwei Versen (Körner gibt den Schluß eines Verses „Mich schickt") bietet der Entwurf keinen Anhalt, wie nach den Worten „Daß Du den" der Fall ist, wo Körner kurzer Hand schrieb: „Daß du ihn nicht für deinen Sohn erkennst." Freilich bleiben auch Goedekes Ergänzungen immer bedenklich.
**) Am Anfange hat Körner den Vers dadurch umgestaltet, daß er das als Verbesserung von Schiller oberhalb der Zeile geschriebene „Was hör' ich?" aufgenommen und auch ferner „Erzbischof" statt „Archijerei" geschrieben, den zweiten mit bloßem „Durch" angedeuteten Vers frei ausgefüllt, ebenso den durch einen Strich bezeichneten Vers nach „unsres Landes Flor". Schillers Handschrift hat V. 215 nur „Die dieses..... berückt", 222 f. „Zerstreust durch eine...... Die......." Der Vers bei Körner „Und..... wo, das sagt mir — wo verweilt er jetzt" ist mit so verschiedenartigen Aenderungen Schillers versehen, daß man dessen schließliche Fassung nicht errathen kann.

II. Entwicklung der Handlung.

beweis ist das ihr wohlbekannte, schon von Demetrius vor dem Reichstag in gleicher Weise erwähnte Kreuz, bei dessen Bezeichnung sie kaum ihre Fassung bewahren kann: doch troß ihrer durch den Wunsch nach Rache gesteigerten Gewißheit behandelt sie die Sache als Trug, bis sie vernommen, daß er schon von Kiow mit seinen Polen und seinen donischen Kosaken aufgebrochen ist. Hiob ist über die Aeußerungen Marfas so erfreut, daß er sie jetzt „Zarin" und „Fürstin" (209. 216) anredet, ja er glaubt in ihrer Bewegung, die sie nicht verbergen kann, die Folgen ihres Zornes über den Betrug zu erkennen. Nach dem Dank an den Himmel ist ihr nächster Wunsch, daß der Sohn als Sieger zu ihr dringen und sie befreien möge.*) Hiobs kleinlauter Frage, wie sie an den Betrug glauben könne, hält sie alle von ihm selbst angeführten Zeichen entgegen, zu denen noch die Furcht des Tyrannen komme, der nun endlich dem echten Sprößlinge von Ruriks Stamme weichen müsse. Als Hiob ihr dies als Wahnsinn vorwirft, hält sie sich nur fester an diesen Gedanken und die endliche Erfüllung der Rache an ihrem Todfeinde.**) Des Patriarchen ängstlich-schwaches „Kann dich der Haß zu solchem Grad verblenden?" zieht ihm das höhnende Schlagwort zu: „Kann deinen Zar der Schrecken so verblenden", und die scharfe Hervorhebung des wirklichen Wahnwitzes, sie könne die sich ihr wunderbar eröffnende Rettung dem Mörder ihres Hauses zu Gefallen von sich weisen.***) Die Erwiderung Hiobs hat Goedeke in vier selbstgemachten Versen

---

) „O Himmelsmächte!" wie schon im Fiesko nach Shakespeares „Ihr himmlischen Mächte" (Erläuterungen S. 197).

**) Schillers Versschluß „mein Todfeind muß" hat Körner durch das vorgesetzte „Der stolze Godunow" nicht weniger als zwingend ausgefüllt.

***) Goedeke hat hier die Verse; „Daß er dich an mich sendet . . . . | Mir gegen mich das eigne Blut, das Heiligste, ... abzulisten"; denn nur

Zweiter Akt dritter Auftritt.

(obgleich dessen übrige Zwischenreden sehr kurz sind) versucht, zum Theil mit Zugrundelegung des Entwurfs, wo es hier heißt: „Archijerei legt ihr als Staatsmann aus Herz, daß sie nicht Elend über das Land bringen soll, wenn sie es hindern könne." Aber dieser Gedanke kommt erst weiter unten 314 ff. Hiob kann nur erwidern, sie solle nicht der Vergangenheit gedenken. Sie aber hält gerade daran, wie widerwärtig ihm auch das sein mag, leidenschaftlich fest, ihr Todfeind soll und muß ihren Schmerz und ihren Groll hören. Sie redet freilich nur von Boris, aber Hiob ist ja sein Abgesandter, ja, was freilich hier nicht angedeutet ist, sein Mitschuldiger.*) Jetzt endlich kann sie für alle ausgestandenen Leiden sich an dem Mächtigen rächen, der diese ihr verursacht. Hiob leugnet kurzweg, daß der Zar in ihrer Hand sei;**) sie aber führt leidenschaftlich aus, welchen großen Dienst, um dessentwillen der Patriarch gerade an sie geschickt sei, sie dem Mörder ihres Glückes jetzt leisten könnte.***)

Druckfehler scheint es zu sein, wenn eine edige Klammer vor dem mit „Mir" anfangenden Verse steht. Den von Körner gestrichenen Versschluß „soll ich" hat Goedeke durch das vorgesetzte „Kein Wunderwerk der Himmel thut" unwahrscheinlich genug ergänzt. Schiller beabsichtigte wohl noch einen Satz mit „ober".

*) In der ältesten Fassung steht 283 „Sprache" statt „Zunge". 286 „Thränen" statt „Seufzern", dann wird ein Vers durch einen Punkt angedeutet; es folgt in vier Versen ein Bild von einem an einer Insel hoffnungslos gestrandeten Schiffer, dessen Anwendung zwei unausgeführte Verse enthalten sollten.

**) Nach „Du glaubst" hat Körner die Lücke mit „es fürchte dich der Zar" ausgefüllt, „Nein, du entrinnst mir nicht" durch die Worte: „Du sollst mich hören" ergänzt.

***) Körner hat nach „anerkennen" die Lücke durch: „So huldigt alles ihm, das Reich ist sein", nicht glücklich ausgefüllt. In der ältesten Fassung findet sich der Versschluß: „des Volks in seine Schale", den Goedeke nach Vergleichung des

90   II. Entwicklung der Handlung.

Noch einen letzten Versuch wagt Hiob der leidenschaftlich Erregten gegenüber, da er die Wahrheit ihrer Behauptung nicht bestreiten kann: sie rette nicht allein den Boris, sondern ihr ganzes Vaterland, wenn sie nicht gegen ihr Gewissen zeuge.*) Marfa aber beruft sich darauf, daß sie nie die Leiche ihres Sohnes gesehen, sondern nur dem Gerüchte geglaubt habe; warum sollte nicht der Himmel ihn wunderbar gerettet haben? Aber wäre der Prätendent auch ein Betrüger, so nähme sie ihn als den vom Himmel ihr gesandten Rächer an.**) Hiob vermag dieser Entschiedenheit nur die Drohung der Gewalt des Zaren entgegenzusetzen, die sie auch im Kloster treffen könne, wogegen Marfa darauf besteht, dieser werde sie tödten, aber nie zwingen können, das Wort zu sprechen, das allein ihn retten würde.***) Hiobs Frage, ob er keine andere Antwort dem Zaren bringen solle, trägt ihm nur die scharfe Entgegnung ein, der Priester, dessen Schlauheit sie kennt, habe sich vergebens bemüht; Boris müsse sich auf den Kampf rüsten (List

Entwurfs willkürlich also vervollständigt hat: „Leg' ich das Herz des Volks in seine Schale."

*) Den ursprünglichen metrischen Entwurf des folgenden habe ich im „Archiv für Literaturgeschichte" XIII, 563 f. mitgetheilt.

**) Nach dem mit „meines Herzens Sohn" schließenden Verse hatte Schiller noch den Versschluß „betrüglich meinen Namen" geschrieben, dessen Ergänzung zweifelhaft ist.

***) Die älteste Fassung liegt im Entwurfe S. 482 f. vor, eine zweite, noch unvollständige in dem Note * erwähnten. In der ausführlichsten folgt nach dem unvollständigen Verse „Bringt er mich nicht durch" noch die Stelle: „Bringt er mich nicht mit seinen Foltern allen, | Und böt' er seine Krone selbst mir an | Für dieses Wort . . . . . . | Ich spreche dieses Wort nicht, das er fordert." Alle Fassungen schließen mit dem unvollständigen Verse „den Zweck hat er verloren". Körner hat zwischen diesem und „vermag er nicht" bloß eingeschoben: „auch nicht durch deine List".

helfe nichts), auf den Himmel und die Liebe des Volkes hoffen, die er leider verachtet habe.*) Da bleibt Hiob nichts übrig, als der Erbitterten den Untergang zu drohen. In der ausführlichsten Fassung sind nach dem Sechsfüßler: „Unglückliche! du willst ent= schlossen dein Verderben"**) zunächst zwei unausgeführte Verse angedeutet. Im Entwurf fehlte Hiobs Antwort, deren jetzigen Schluß man freilich energischer wünschte, und nöthig ist sie nicht. **Vierter Auftritt.** Dramatische Kraft und Leidenschaft zeichnen auch Marfas schließendes Selbstgespräch aus.***) Sie beginnt mit ihrem Entschlusse, nicht daran zweifeln zu wollen, wofür sie als Bestimmungsgrund zunächst anführt, daß die Ko= saken ihn unterstützen. Hiob hatte der leichtberittenen Schaar der Polen und eines Heerzuges donischer Kosaken gedacht, der Fischerknabe der Litthauen und Polen. Aber Marfa führt nicht die Hülfe der Polen an, sondern daß der stolze Pole, der Pala= tinus, die Tochter an ihn vergeben hat. Freilich Hiob bemerkt,

---

*) Vor den mit „Er hoffe" beginnenden Versen stand noch der Versschluß: „Er muß kämpfen". Goedeke hat den Anfang der Antwort aus dem Entwurf ergänzt, wo sie lautet: „Priester, dieser Versuch war vergebens. Der Zar waffne sein Volk, er verlasse sich auf den Himmel, wenn er kann, auf die Liebe des Volks, wenn er darf. Er behaupte sich, er versuche, was er kann."

**) Körner schaffte diesen weg, indem er statt des ersten Wortes „Genug" schrieb, da doch „So willst du denn" viel näher gelegen hätte.

***) Von Schillers letzter Fassung, die man nach seinem Tode auf seinem Schreibtische fand, findet sich ein Facsimile in meinem Leben des Dichters. Die Handschrift hat nur drei Korrekturen, V. 17 „Kommt alle" (über „Ihr Völker"), 22 „flammende" (über „glühende"), 7 „Odem" (neben „Strom" geschrieben) Am vorletzten Verse fehlt der Anfang. Damit stimmt die von Goedeke zu Grunde gelegte Handschrift überein; die erste Lesart fehlt hier, wie es scheint, nur findet sich „Odem" nach „Strom". Eine andere Fassung hat Körner in einer Abschrift von Schillers Diener benutzt.

II. Entwicklung der Handlung.

er habe dem Fürsten von Sendomir gedient, aber daß dieser ihn unterstütze und ihn als Schwiegersohn angenommen, weiß Marfa eben nicht, ein Versehen, das der Dichter nachträglich leicht hätte verbessern können. So muß denn auch die Mutter an ihn als einen vom Himmel ihr gesandten Retter glauben. Schon sieht sie ihn, wie sie schon vorher gesteht, mit Heereskraft zu ihrer Befreiung heranziehen, und in ihrer Seele erhebt sich der glühende Wunsch, daß alle so verschiedenen Stämme des weiten russischen Reiches, das der Dichter sich in seiner spätern Ausdehnung denkt, zu seiner Fahne strömen mögen. Mit demselben feurigen Schwung wünscht sie, daß er ihre Sehnsucht nach ihm fühlen möge, und so bittet sie die Sonne, ihm diese zuzutragen. Aber sie fühlt, wie wenig diese Sehnsucht ihm helfen werde; das einzige, womit sie ihm beistehn kann, sind ihr gläubiges Gebet und der Mutter liebevolle Thränen und Segen: das eine sendet sie zum Himmel, die andern, ihr einziges Besitzthum, will sie als gewassnete Heerschaaren, wie die Sage im Kampfe beistehende Engelschaaren sich denkt, ihm entgegenschicken. So ist sie also entschieden, wie es kommen möge, den Demetrius als ihren Sohn anzuerkennen, ihm ihre Rache und Rettung zu verdanken.

Fünfter Auftritt. Demetrius wird mächtig bewegt, als er, von polnischen und kosakischen Offizieren begleitet, aus dem Walde tretend, von einer Anhöhe an der russischen Grenze einen Blick auf die sich vor ihm öffnende russische Landschaft wirft. Nach Müller trat Demetrius mit 5000 Mann am 15. August 1604 seinen Zug an. Mnischek führte diesen, den zwei Starosten, von denen der eine sein Sohn war, begleiteten. Zu Kiow setzte man über den Dneper, dann theilte sich das Heer; die einen, bei denen Demetrius war, zogen die Desna aufwärts, die andern rechts gegen Belgorod. Die Grenze erreichte man am 26. November bei Moromesk. Schiller hat alles frei ausgebildet. Wir haben einen ausführlichen, auch einzelne Verse enthaltenden Entwurf (S. 544 f.) und zwei Abschriften der metrischen Fassung; in der einen, zum Theil ausgeführtern treten neben dem von Marina als Wächter dem Demetrius beigegebenen Polen Odowalsky zwei kosakische Hetmanns auf, der uns bekannte Korela und Razin von den donischen Kosaken (Schiller nahm den Namen von dem spätern Stenko Razin, den er sich S. 348 als ein barbarisches Ungeheuer angemerkt hatte), in der andern spätern fehlte Korela. Man sieht am heitern Frühlingstage beide Flüsse, die Stadt Tschernigow und in weitester Weite Nowgorod in Sewerien (in der ersten Fassung Neugart wie I, 2), bei welcher Stadt Demetrius den ersten Unfall erlitt. Während der Pole und der Kosak hervorheben, daß sie ein unermeßliches Reich vor sich sehen, dessen Grenze sie schon überschritten, freut sich Demetrius des schönen Anblicks, aber sein reines Gemüth wird bald von dem traurigen Gefühl ergriffen, daß er diese „schönen Auen"*) durch Krieg zu verheeren im Begriff stehe. Des Polen eiskalte Gegenbemerkung, an so was könne man nachher denken, ruft den Ausdruck des Schmerzes hervor, daß er in Begleitung russenfeindlicher Völker seine Heimat betrete; aber seine Pflicht und Ehre zwinge ihn, da er sein Erbe zurückfordern und als Sohn Iwans, der auf diesem Grenzpfeiler, den er mit bewegter Seele ergreift, den russischen Adler**) habe eingraben lassen, den väter=

---

*) Des Ausdrucks hatte er sich schon zehn Verse früher bedient. In der ersten Fassung stand an unserer Stelle „auf diesen Fluren". Den Vers hätte Schiller durch „stillen" ausfüllen können.

**) Statt des russischen Doppeladlers hatte Schiller früher den Ritter Georg setzen wollen; dies war aber zur Zeit, als er noch Demetrius von Russen

II. Entwicklung der Handlung.

lichen Thron besteigen müsse. Dabei hebt er hervor, daß sein Stamm hier seit dreißig Menschenaltern (früher stand „seit siebenhundert Jahren") geherrscht. Die Rede des Demetrius ist nicht vollendet. Nach dem Entwurfe sollte er den Himmel auffordern, ihn nach der Gerechtigkeit seiner Sache zu begünstigen (sein auf die Gerechtigkeit seiner Sache sich berufendes Gebet hatte Schiller sich aus Müller S. 230 f. angemerkt), doch war er im Zweifel, ob dieses Motiv nicht etwas später folgen solle. „Alles in dieser kurzen Szene muß sich sinnlich darstellen", heißt es ebendort „und wenn Demetrius abgezogen, muß ein Zug über die Szene beginnen, während welchem verwandelt wird; Marsch begleitet ihn. Soll diese Szene nicht auch zu irgend einer Handlung benutzt werden können? Es muß so viel geschehen, es ist so viel zu zeigen." Man könnte an die Ergreifung der Mörder denken, die Boris gegen ihn abgesandt. Dieses mißlungenen Mordanschlags wird als einer der Hauptszenen nach dem Eintritt in Rußland, und zwar noch vor der ersten Aktion (S. 582), dann als er gesiegt hat (S. 585), gedacht. Aber schon auf dem Reichstag erwähnt Demetrius die von Boris nach Sambor geschickten Meuchelmörder nach Müller S. 212. Als Handlung genügt, daß er sich selbstbewußt entscheidet, den Schritt zu thun, der ihm zu seinem Rechte verheißen und den Tyrannen stürzen soll. Auch ergibt sich kaum eine andere passende Handlung.

Sechster Auftritt. Zu der Dorfszene, die eine gewisse Totalität von Motiven vereinigen und auf eine prägnante Art das Getrennte koexistent machen müsse, sind ein paar Entwürfe erhalten (S. 544—547), ebenso verschiedene metrische Ausfüh=

---

hatte begleiten lassen wollen (S. 543). Damals sollte hier auch dem Demetrius ein glückliches Omen, etwa durch einen des Weges kommenden Bauern, begegnen.

Zweiter Akt fünfter und sechster Auftritt.

rungen bis zum Auftreten des Pojadnik, von denen Schiller später die kürzeste und prägnanteste gewählt hat. Nach einer Bemerkung Schillers auf der Rückseite eines Entwurfs sollte in der Stadt Tschernigow der Woiwode gefangen genommen werden und diese hätte sich ergeben (nach Müller S. 221 f., der mehrere Woiwoden nennt), aber darauf wird in unserer ausgeführten Szene keine Rücksicht genommen. Schiller schildert die Aufnahme von Seiten der Dörfer.

Auf dem freien Platze eines russischen Dorfes, in welchem Sturm geläutet wird, kommen drei mit Aexten bewaffnete Bauern*); die beiden ersten wissen nicht, was es gibt, der dritte ruft alle Nachbarn heraus, um zu berathen, was zu thun sei. Da kommen Bauern eines andern Dorfes gerannt, die, geängstigt durch die Kunde, daß der Pole bei Moromest ins Land gefallen, ihre Hütten angezündet haben und mit ihrer Habe zum Lager des Boris fliehen wollen. Aber von der entgegengesetzten Seite treten bewaffnete Landleute auf, die zu dem neuen Zar, dem Fürsten Dmitri, sich begeben wollen.**)

---

*) Die sämmtlichen Namen der Bauern sind gangbare russische Vornamen, die Schiller aufgefallen waren; zum Theil hatte er sie sich aus Müller angemerkt. Bei Olearius hatte er als Verkleinerungsformen gefunden Petruske, Peterchen, Iwanske, Hänschen (S. 349).

**) Der erste Sprecher, Iwanske, war nach Schillers früherer Annahme Schulmeister. In der Rede des Petrusche „Wer kommt mit?" gibt Goedeke nach „Wer" die Ergänzung „tapfer zu ihm halten will", da Körner gleich darauf den Vers hat: „Wer treu ist unserm Fürstenstamm, kommt mit!" Aehnlich ergänzt er darauf die Rede von Iwanste: „Da flieht ein ganzes Dorf | Landeinwärts" durch „vor den Polen sich zu retten", das Körner nach der Handschrift gibt. Eine Abschrift derselben, wohl von Schillers Diener Rudolf, kam in den Besitz Böttigers. Vgl. Schnorrs Archiv XIII, 421 ff. Schiller hatte diese Szene mehr-

II. Entwicklung der Handlung.

Da kommt der Posadnik (Schulze)*), unzweifelhaft des Dorfes, in welchem wir uns befinden; vor dessen Ankündigung durch Petruske ist ein nicht ausgeführter Vers angedeutet.**) Er befindet sich in einer großen Verlegenheit, da er ein Schreiben des Zarowitsch Dimitri erhalten hat, worin dieser ihm zu huldigen besiehlt.***) Bei Müller (S. 222) fand Schiller, daß der falsche Demetrius bei seinem Einfalle in Rußland Manifeste an die Woiwoden der benachbarten Städte erlassen, deren Inhalt er wörtlich angibt. Auf den Ruf der Landleute muß jener das ganze Schreiben vorlesen, das mit dem vollständigen Titel beginnt. Diesen hatte Schiller bei Olearius (S. 351) gefunden und dabei sich sogleich bemerkt, derselbe sei einmal ganz anzuführen. Er stimmt wörtlich mit dem Eingange seines Heiratsvertrages bei Müller S. 215. Prinz Dmitri beruft sich darauf, daß sie seinem Vater geschworen, seinen Kindern treu zu sein, er aber durch göttliches Geschick dem von Boris Godunow ihm bereiteten Tode entgangen sei, und nun komme, den ererbten Thron einzunehmen. Das Schreiben ist, wie Schiller es in den Piccolomini (IV, 1) mit der Erklärung der Generale gethan, in Prosa gegeben.†) Alle sind bereit,

---

sach behandelt, um sie recht volksthümlich zu machen. Einmal führte er auch einen Bauern Namens Domilo ein. Wir verweisen auf Goedeke S. 506 f.

*) Sonderbar ist es, daß nach Goedeke Iwanske nach der Ankündigung des Posadnik rufen soll: „Wo ist der Pope? Pope, lest das Schreiben | Das."

**) Der ausgeführten Auftritt gibt Vorberger erst S. 423 ff.

***) Die ganze Szene mit dem Posadnik ist nur in einer Handschrift vorhanden, die Körner nicht vorlag. Mehrere Stellen stehen bei Goedeke in eckigen Klammern, wonach sie wohl spätere Zusätze sind, obgleich dies mit seiner sonstigen Art der Bezeichnung nicht stimmt.

†) Müller: „Der Betrüger beruft sich darin auf die dem Zaren Iwan Wasiliewitsch von allen russischen Unterthanen geleistete Huldigung, worin man

der Aufforderung zu folgen, nur weist einer zuerst auf die Möglichkeit hin, daß der Prätendent nicht Iwans Sohn sei, und hebt dann hervor, daß sie ja auch dem Boris gehuldigt. Hiermit bricht der Auftritt ab. Schiller schrieb (S. 510): „Man zweifelt keinen Augenblick an der Wahrheit. Symbol der Leichtigkeit, womit man auf das Volk wirken kann, durch die gröbsten Mittel. Es ist ein Pfand für die Anerkennung des Betrügers (?) durch ganz Rußland. Weiber." Daß er einmal gedacht, die Weiber sollten dabei das große Wort führen, und die Männer zwingen, sich für den Prätendenten zu erklären, ja daß die Gründe für und gegen lebhaft sich entgegentreten sollten, sehen wir aus einer andern Aeußerung (S. 546), die Körner frei benutzt hat. Dabei sollten auch die russischen Sprichwörter, die er sich angemerkt hatte (S. 326 f. 547), zur Verwendung kommen.

Von der Fortsetzung des Dramas bis zum Schlusse stehen uns nur ein paar, zum Theil frühere Szenarien und einzelne Entwürfe und Bemerkungen zu Gebote, aus denen wir den weitern Verlauf sicherer gewinnen können, als es Körner gelungen ist. Dieser hat offenbar Stellen aus Schillers Papieren theils wörtlich, theils frei benutzt. Da diese sämmtlich in Goedekes Mittheilungen sich finden, so war es ein starkes Versehen, wenn

auch angelobet, seinen Kindern hold und getreu zu sein. Nun sei er der wahre Sohn dieses Zaren, dem Boris Godunow nach dem Leben getrachtet, der aber durch eine sonderbare göttliche Vorsorge wunderbarer Weise erhalten worden; er komme jetzt, den Thron seiner Voreltern zu besteigen; man möge sich deswegen an den ehemals geleisteten Eid erinnern, des Verräthers Boris Godunow Partei verlassen und ihm als dem angeborenen Landesherrn anhangen; wofür er einem jedem mit besonderer Gnade zugethan sein und das Land in Ruhe und Frieden regieren wolle." Nur der Schluß von „Wo nicht" an gehört ganz Schiller.

Voxberger Körners Zusammenstellungen neben, vielmehr vor Schillers eigenen Aufzeichnungen S. 336—343 abdrucken ließ. Unschuldig fragt er sich S. 336, ob diese Inhaltsangaben etwa von Körner seien? Daß dies der Fall, liegt ja für jeden vor, der Schillers Papiere vergleicht. In dem genauen ersten Szenarium des zweiten Aktes (S. 590) finden wir nach der Szene im Dorf bezeichnet: „Lager. Krieg. Unglück. Glück", womit das ungenauere (S. 587): „Lager. Aktionen" stimmt. S. 580 folgt hintereinander: „Erste Succcsse und Volksmeinung. Das Glück. Seine Macht wächst. Ein russischer Großer geht zu ihm über. Ein Unglück, das er erleidet; es schlägt ihn aber nicht nieder. Die Armee des Boris zweifelt und thut nichts." Hier tritt die Lagerszene nach, wie auch in einem andern Szenarium (S. 547), wo in gleicher Weise der Uebertritt Soltikows unmittelbar auf die Lagerszene folgt. Die geschichtlichen Züge, welche Schiller sich aus Müller angemerkt hatte (S. 332), sind folgende: Manifest, das er ausschickt. Es wirkt zuerst auf das gemeine Volk.*) Unfall bei Nowgorod in Sewerien; wieder gut gemacht. Sein zuversichtliches Gebet. Er wird 1605 bei Sewsk im Gouvernement Belgorod geschlagen, flieht nach Rylsk, wo Dolgoruki Woiwod ist. — Er wird wankend und die vornehmen Russen zwingen ihn auszuharren und Fürst Dolgoruki läßt sich durch dieses Unglück nicht irre machen.**) Die Armee des Boris verfolgt die er=

---

*) Müller bemerkt, zu Putivl, Rylsk, Kursk, Belgorod, Oskol Woluki, Zarew-Borissow gorod sei es den Woiwoden wie in Tschernigow ergangen. Das Volk habe ihn als ein theures Unterpfand der göttlichen Gnade angesehen. Auch die Vornehmen seien zweifelhaft geworden.

**) Fürst Dolgoruki war der Woiwode von Rylsk, der mit dem dorthin flüchtenden Demetrius Mitleid hatte.

Zweiter Akt siebenter Auftritt.

haltenen Vortheile nicht; sie zieht ab von Rylsk, wo sie Widerstand sieht. Aus Furcht vor der Ahndung des Boris, der ihre Saumseligkeit einmal rächen könnte, wünschen mehrere seiner Armee dem Betrüger günstige Zeiten. [Meiterei unter der Armee.] Kosaken in Kromi von der siegreichen Armee Godunows belagert, aber geschont durch Michael Soltikow, der im Herzen an den Demetrius glaubt und ihm Luft macht." Schiller konnte einen doppelten Abfall zu Gunsten des Demetrius ebenso wenig brauchen als die lange Dauer der Handlung, ihm mußte sich alles rasch und einfach entwickeln, Demetrius schon am Ende dieses Aufzuges als Herr der Situation erscheinen, Anerkennung im Volke und eine sichere Stellung gewonnen haben. Nachdem wir seinen ersten Erfolg in Rußland gesehen haben, muß der Dichter uns zunächst mit der Stellung des Heeres des Boris bekannt machen, das so bedeutend war, daß es bei anderer Lage der Dinge die schwache Macht des Prätendenten gleich vernichtet haben würde.

Siebenter Auftritt. Das Lager des Boris. Vgl. S. 548 f. Von den Generalen ist Schuiskoi (auch Zusky bei Schiller genannt, wohl nach Chouiski bei Levesque), ehrsüchtig und Boris ergeben, aber schwach, Soltikow (bei Müller Saltykof, bei Levesque Soltikof), gewissenhaft, aber zum Glauben an Demetrius geneigt, Basmanow, verrätherisch, Dolgoruki, den Schiller willkürlich ins Lager versetzte, obgleich er bei Müller S. 228 f. noch andere Heerführer genannt fand, schwach, aber ehrlich. Ihre Ansichten sollten sie gegeneinander aussprechen, besonders den sehr ungünstigen Eindruck, daß Boris, aus Furcht vor einem Aufstande in Moskau, nicht selbst dem Betrüger entgegenzutreten wagt, auch die Furcht, daß die bei ihnen stehen-

7*

den Kosaken, zu deren Hetman Schiller einen Mazeppa macht, mit Benutzung des Namens des bekannten Fürsten der Ukraine unter Peter dem Großen, dem Demetrius, den andere ihrer Landsleute unterstützen, zufallen werden. Der Hauptpunkt der Handlung ist, daß man trotz aller Uneinigkeit sich entschließt, einen wichtigen Posten zu besetzen, den Demetrius unter den ungünstigsten Bedingungen angreifen muß.

Achter Auftritt. Niederlage des Demetrius und Verzweiflung über diesen ersten, verhängnißvollen Unfall, der zu seiner Vernichtung führen würde, wenn die Feldherrn des Boris ihren Vortheil verfolgten. Odowalsky und Korela haben Mühe, ihn vom Selbstmorde zurückzuhalten. Geschichtlich fand er zuerst bei Nowgorod Sewerskoi Widerstand, wo er einen Verlust von 4000 Mann erlitt, dann aber gelang es ihm die 40,000 Mann starke Armee des Boris daselbst zu schlagen. Schiller mußte hier alles vereinfachen.

Neunter Auftritt. Demetrius faßt sich wieder und versucht von neuem den Kampf. „Soltikow erklärt sich für ihn, rein aus Gewissenspflicht; er verspricht zu ihm überzugehn, wenn er sich blos zu ihm durchschlagen könne . . . . Soltikows Uebergang zum Demetrius gibt seinem Glück neuen Schwung und bereitet den Abfall der ganzen Armee vor. Ein hoffnungsreicher Erfolg beschließt diesen Akt auf theatralische Art." Bei Müller fand Schiller berichtet, Michael Saltykow (vgl. S. 99) habe den in Kromi belagerten Kosaken dadurch Luft machen lassen, daß er das schwere Geschütz wegzuführen befahl, weil es ihm leid that, daß der Prätendent, wenn Kromi gefallen, des einzigen bedeutenden Beistandes beraubt sei. So schloß der zweite Aufzug mit der gewissen Siegeshoffnung des Demetrius, wozu die Ver-

zweiflung des mächtigen Boris zu Moskau im nächsten Akte
den schärfsten Gegensatz bilden sollte.

Dritter Akt.

Das tragische Ende des Boris ist eines der erschütterndsten
Ereignisse, in dessen Darstellung Schiller die ganze Macht seiner
die Einbildungskraft packenden, einen heroischen Charakter in
schärfster Ausprägung gestaltenden, die tiefsten, kontrastirendsten
Gefühle der Menschenbrust aufregenden Gewalt entfalten konnte.
Für die Handlung bildet es den bedeutsamsten Fortschritt, da
dem Demetrius dadurch alle Wege geebnet werden, aber wider Er=
warten wird dessen Sohn von dem durch Schiller hereingebrach=
ten jungen Romanow, dessen dem Stamme der Ruriks nahe
stehende Familie von Boris auf das ärgste mißhandelt worden
war, als Zar anerkannt. Demetrius dagegen, der in Tula sieg=
reich eingezogen, erfährt in dem Augenblicke, wo er auf dem
höchsten Gipfel seines Glückes steht, dem Einzuge in Moskau
und der Anerkennung von Seite der Mutter entgegensieht, daß
er das Opfer des Mörders des Zarewitsch, seine Abkunft von
Iwan ein ihm und der Welt gespielter abscheulicher Betrug ist,
wonach er, da er mit einem Schlage sein Glück zerstört sieht, aus
dem von frischer Begeisterung getriebenen Helden ein mißtrau=
ischer, verdüsterter, keines freien Aufblicks fähiger Tyrann wird.

Erster Auftritt. Boris und die Boten. Aus
Schillers Erörterungen über Boris in Moskau und dessen Tod
S. 550—554 ergibt sich, daß er ursprünglich eine weitere Aus=
dehnung seines Endes sich vorgesetzt hatte, als sich später mit
der Oekonomie des Stückes verträglich zeigte, wie er auch an

manchen andern Stellen sich später zur Kürzung entschloß. Da ist von Szenen mit Hiob, mit seiner sechszehnjährigen Tochter Axinia, mit seinem Rynda*), mit dem Boten, mit seinem Diak (Geheimschreiber) die Rede, die eine große Ausdehnung in Anspruch genommen haben würden. In einem Szenarium (S. 590) finden sich folgende Auftritte: „Vor Boris. [„Ehe der Zar selbst erscheint, ist er auf jede Weise schon angekündigt worden." S. 550.]. Boris. Bote. Bote. Axinia. Boris. Boris. Hiob. Bote. Ohne Boris [Boris ist weggegangen, um sich zu vergiften.] Boris. Axinia [die den Sterbenden findet]". Dagegen nennt ein ausführliches Szenarium des dritten Aufzugs nur drei Szenen in Moskau: „Boris. Die Boten. Boris stirbt. Axinia und Romanow." Wie schließlich die Ausführung sich gestaltet haben würde, läßt sich nicht bestimmen. Die Grundzüge derselben liegen in den ausführlichen Erörterungen vor. Dort wird als „Gradation der Unfälle" bezeichnet: „1. Abfall des Landvolks und der Provinzialstädte. 2. Unthätigkeit der Armee. 3. Abfall eines Theils der Armee. 4. Moskaus Bewegungen. 5. Demetrius' Vordringen. 6. Romanows drohende Ankunft. 7. Flucht der Bojaren in Demetrius' Armee. 8. Abfall der Armee. 9. Insulten der Aufrührer." Einen Theil dieser Unfälle kennt Boris schon bei seinem Auftreten, die andern melden zwei oder mehrere Boten. Schiller bemerkte: „Man hört gleichsam den Demetrius immer näher und näher herandringen, das Soulevement der Völker immer wachsen und steigen, so daß man in dieser Szene, obgleich mit Boris beschäftigt, den Haupthelden nie aus den Augen verliert." Der sonst eine ausführliche

---

*) So hießen vornehme Jünglinge, welche eine Art Garde des Zaren bildeten. Vgl. Müller S. 29 f.

Dritter Akt erster Auftritt.

Darstellung fordernde Abfall konnte hierdurch kurz und ergreifend zur Anschauung gelangen. Von Boris heißt es, er sei schon bei seinem Auftreten tödtlich verletzt; er sehe die Meinung des Volkes umgewendet, die Armee treulos, die Großen verrätherisch, die Glücksgöttin falsch*), das Schicksal feindselig; sein Geist sei gesunken. „Das Abenteuerliche und Monstrose des Falles, welches er anfangs verachtet hat, und das nun so fürchterlich wächst, vermehrt seinen Verdruß und seine Verzweiflung. Es ist etwas Inkalkulables, Göttliches, woran sein Muth und seine Klugheitsmittel erliegen. (Talbots Situation in der Johanna.) Daß gerade der Prinz, den er ermorden ließ, dem Betrüger die Existenz geben muß, ist ein eigenes Verhängniß." Schiller würde wohl das benutzt haben, was Boris gegen Hiob äußern sollte: „Muß ich, durch dieses Gaukelspiel untergehn, muß ich wirklich? Patriarch, es bringt mich von Sinnen. Wahr ist's, ich habe das Reich nicht ganz unschuldig erworben, aber ich hab' es gut verwaltet. Wie? Kann ein wohlthätiges Leben ein Verbrechen nicht gut machen? Kann der gute Gebrauch nicht die verderblichen Mittel entschuldigen?" Groß soll den Boris sein Stolz machen, seine landesväterliche Thätigkeit, sein hoher Verdruß über das Glück und seine Verachtung der Menschen, die persönliche Kraft, durch die er sich auf den Thron geschwungen, am größten sein Tod. Die Nachricht von Romanows Ankunft vollendet seine Verzweiflung, da er diesen so schlimm behandelt hat. „Auch von Macbeths Situation am Ende hat diese Lage des Boris etwas Aehnliches; es erfüllen sich ihm gewisse böse Zeichen." Geschichtlich lag nur vor, daß Boris sich selbst vergiftet, nach=

---
*) Bereits in der ersten Zeit hatte Schiller sich vorgesetzt, den Boris mit Bitterkeit die Glücksgöttin anreden zu lassen (S. 356).

104   II. Entwicklung der Handlung.

dem er kurz vorher ein Mönchsgewand angezogen und als Mönch den Namen Bogolep angenommen (Müller S. 248).
Zweiter Auftritt. Axinia und Boris. Axinia findet den Vater nicht, der, nachdem er den Giftbecher getrunken, in Mönchs= kleidung zurückkehrt. „Boris wird rührend als Vater; er schließt seiner Tochter seinen Kummer, sein innerstes Gewissen auf. Seine Tochter soll sich ins Kloster verstecken." Ueber die Art der Ausführung war Schiller wohl noch nicht ganz entschieden.
Dritter Auftritt. Romanows Ankunft. Nach der Ge= schichte wurde nach dem Tode des Boris dessen sechszehnjähriger Sohn Feodor Borissowitsch von dem Patriarchen Hiob und den Bojaren zum Zaren unter der Vormundschaft seiner Mutter ausgerufen. Es hieß, Boris selbst habe ihn zu seinem Nach= folger ernannt (Müller S. 250 f.). Schiller verfuhr hier ganz frei. Bald dachte er den Romanow gleich nach dem Tode des Boris eintreffen zu lassen, bald sollte er ihn noch am Leben finden (S. 554. 556). An letzterer Stelle heißt es: „Romanow kann einen Boten vorausschicken, dem Boris [der seine Ankunft ge= fürchtet] seine Unterwürfigkeit zu bezeugen. Wenn der Bote kommt, hat Boris schon das Gift ausgetrunken. Romanow folgt seinem Boten auf dem Fuße und findet den Zar sterbend. Ro= manow schwört an der Leiche des Zars seinem Sohne Feodor, einem Kind, die Treue und macht auch die Bojaren dasselbe schwören. Dieser Auftritt ist rührend und tröstend, zugleich aber hat er etwas Hoffnungsloses, Fruchtloses.... Indeß wird die Desertion von Moskau doch für einen Moment aufgehalten und die Erwartung wird gespannt. Romanows Liebe zur Axinia spricht sich aus unter diesen Umständen und bringt etwas Sanft= rührendes hinein.... Romanow verläßt Moskau, um zur

Dritter Akt erster bis fünfter Auftritt.

Armee zu eilen; Axinien und den jungen Zar vertraut er der Hülfe der Bojaren." Man kann zweifeln, ob Schiller wirklich bei der Ausführung den Boten und die Bojaren hätte auftreten lassen.

Vierter Auftritt. Demetrius in Tula auf dem Gipfel seines Glücks (S. 557 ff.). Er ist „gütig wie die Sonne, und wer ihm naht, erfährt Beweise davon; keine Rachsucht, keine Raubsucht, kein Uebermuth. Und wie er den Untergang des Boris erfährt, zeigt er eine edle Rührung. ‚Er starb eines Königs werth, aber mir nimmt er den Ruhm der Großmuth.'" Das knechtische Betragen der Russen mißfällt ihm, aber er ist gegen sie voll Huld, während die sich als Herrn gebärdenden Polen ihnen barsch begegnen. Jetzt läßt er seine Mutter einladen, zu ihm zu kommen. Auch Marina macht er Mittheilung von seinem Glücke. „Man bringt ihm die Schlüssel der Städte, und die Zarische Kleidung, in welcher er zuerst sich ganz als Zar fühlt." Nach einem frühern Plane sollte die von Kosaken geraubte Axinia hier vor ihn gebracht werden (S. 512. 582 f.), doch zog er es später mit Recht vor, daß Demetrius diese erst in Moskau sah. Vgl. S. 511.

Fünfter Auftritt. Durch den Menschen, der aus Haß gegen Boris die ganze Intrigue eingeleitet hat (er wird hier als unbestimmt mit X bezeichnet, im Szenarium als Otrepiew. Vgl. oben S. 21), und nun den Lohn dafür beansprucht, daß er Zar geworden, erfährt er, daß er nicht Iwans Sohn sei. S. 558 ff., wo auch das Gespräch skizzirt ist. Während der Betrüger seine Geschichte von Uglitsch bis zu seiner Flucht erzählt*), ist des

---

*) Vor dem Reichstage zu Krakau ließ Schiller den Demetrius sagen, er

106 II. Entwicklung der Handlung.

plötzlich um all sein Glück gebrachten Zaren Stillschweigen furcht=
bar und von schreckhaftem Ausdruck begleitet. Doch findet er so-
weit seine Fassung wieder, um zu erkunden, ob noch sonst jemand
das gefährliche Geheimniß wisse; da er vernimmt, alle Mitwisser
seien todt, greift er zum einzigen Mittel seiner Rettung, er er=
dolcht den Betrüger. „Die Handlung ist zwar ein momentanes
Aperçu der Nothwendigkeit, aber zugleich auch ein Werk der höch=
sten Wuth und Verzweiflung, und scheint durch eine Aeußerung
des X augenblicklich veranlaßt zu werden." Der Betrüger erhält
hier statt Lohn, gerade im Augenblicke, wo er diesen fordert, die
gebührende Strafe, wie Boris seinen Mord durch seinen eigenen
Tod sühnt.

Sechster Auftritt. Monolog des Demetrius. Er liegt
uns in der Skizze vor (S. 511 f.): „Du hast mir das Herz
meines Lebens durchbohrt, du hast mir den Glauben an mich
selbst entrissen. Fahr' hin, Muth und Hoffnung! Fahrt hin, du
frohe Zuversicht zu mir selbst! Freude! Vertrauen und
Glaube! — In einer Lüge bin ich befangen, zerfallen bin ich
mit mir selbst! Ich bin ein Feind der Menschen, ich und die
Wahrheit sind geschieden auf ewig! — Was? soll ich das Volk
selbst aus seinem Irrthum reißen! (Diese großen Völker glauben
an mich. Soll ich sie ins Unglück, in die Anarchie stürzen und
ihnen den Glauben nehmen?) Soll ich mich als Betrüger selbst
entlarven? (Es ist ein Geheimniß, das er (ich?) allein tragen
muß.) Vorwärts muß ich. Fest stehn muß ich, und doch kann
ich nichts mehr durch meine eigene innere Ueberzeugung. Mord
und Blut muß mich auf meinem Platz erhalten. — Wie soll ich

<small>sei durch den ehrlichen Diak Andrei in der Mordnacht geflüchtet worden. Damit
mußte unsere Erzählung in Einklang gebracht werden.</small>

Dritter Akt fünfter bis siebenter Auftritt.

der Zarin [der erwarteten Gattin Iwans] entgegengetreten? Wie soll ich in Moskau einziehen unter den Zurufungen des Volks mit dieser Lage im Herzen?"

Nach S. 512 sollte sich hier ein Auftritt anschließen, in welchem er sich gegen die Eintretenden über den Mord äußert, und in seinem ganzen Wesen sich die eingetretene Veränderung zeigt, über welche die Zurückbleibenden ihre Verwunderung äußern. Aber diese Szene wäre kaum später ausgeführt worden. So heißt es denn auch S. 518, unmittelbar gehe er von da zur Zusammenkunft mit Marfa, die jetzt wieder ihren wahren Vornamen Maria führt (S. 560), und gebe Befehle wegen ihres Empfanges.

Siebenter Auftritt. Zusammenkunft mit Marfa in einem prachtvollen vor der Stadt aufgeschlagenen Zelte. Wirklich erfolgte diese erst nach dem Auszuge in Moskau; Demetrius ging ihr vor die Stadt entgegen. Müller berichtet (S. 290): „Seine Zärtlichkeit und Demuth, womit er diese vorgegebene Mutter empfing, und ihr bis zur Stadt zu Fuße folgte, war ungemein. Alle, die solches sahen und hinwiederum der verwittweten Zarin freudige Begegnung gegen ihn wahrnahmen, konnten nicht anders denken, als er müsse ihr wahrhafter Sohn sein." Wie glücklich hatte Schiller sich diese für beide ergreifende, schwer darzustellende Zusammenkunft ausgebildet! Demetrius kann jetzt nicht mehr hoffen, von ihrem Herzen als Sohn erkannt zu werden, aber es gelingt ihm, sie dem Volke in dem Augenblicke zu zeigen, wo sie Thränen der Rührung weint. Nach dem Entwurfe S. 560 ff. sollte ein kurzes Gespräch der Marfa mit ihrer Begleiterin Olga vorangehen. Marfas Glauben an die Person des Demetrius, den sie in ihrer wilden Leidenschaft, auch wenn

II. Entwicklung der Handlung.

er nicht ihr Sohn sei, als solchen anerkennen wollte, ist bangem Unglauben gewichen. Das Zusammentreffen beider ist höchst tragisch, da sie nicht mehr an das glauben, was sie gewünscht und sehnlichst erwartet hatten. Trompeten erschallen. Soltikow*) eröffnet dem Zaren das Zelt. Marfa macht beim ersten Anblick eine zurückgehende Bewegung; das darauf erfolgende Stillschweigen unterbricht Marfa mit dem Ausruf: „Ach, er ist es nicht!" Demetrius beträgt sich würdig als Fürst und Staatsmann, und fordert nur das, was ihr gemeinsamer Vortheil ist. Der später ausgeführte Entwurf hat sich erhalten.**) Daß der hintere Vorhang des Zeltes auf einen Wink des Demetrius aufgezogen wird, ergibt sich aus der ausdrücklichen Bemerkung des Entwurfs S. 519, Demetrius „finde den Moment reif, sie der Welt zu zeigen", und schon am Anfang aus der Bestimmung, das nach der Tiefe geschlossene Zelt könne mit einem einzigen Zug in die Höhe gezogen werden. Es ist anzunehmen, daß der hintere Vorhang gleich darauf fällt, vorher aber Demetrius vor der Mutter niedergesunken ist. Die stumme Szene war etwa von Musik begleitet, dann wurde das Zelt selbst durch einen herabfallenden Vorhang den Blicken entzogen, indem die Dekoration sich in ein Zimmer verwandelte. Was im Entwurf noch weiter

---

*) Dieser tritt auch im folgenden als der treueste Anhänger des Demetrius auf, während sich wirklich der Verräther Basmanow als solcher bewährte. Schiller ließ diesen gegen denjenigen zurücktreten, der durch seinen ersten Abfall der Sache des Demetrius den bedeutendsten Dienst erwiesen hatte.
**) Körner ist mit dem Entwurf sehr willkürlich verfahren, hat ihn mehrfach gekürzt und an die Stelle von Marfas Erwiderung ein bloßes Geberdenspiel gesetzt. Daß er einer andern Fassung gefolgt, ist kaum anzunehmen. Goedeke gibt ihn wortgetreu. Bei Borberger steht er erst S. 469 ff.

Dritter Akt siebenter bis neunter Auftritt.

folgt*), ohne vollendet zu sein, kann unmöglich nach dem Auf=
ziehen des Zeltes seine Stelle gefunden haben. Schiller dachte
wohl, es später hineinzuverarbeiten.

Achter Auftritt. „Demetrius. Die Abgesandten" (S. 588).
Den Inhalt der Szene finden wir S. 519 angegeben: „Mos=
kaus Abgesandte unterwerfen sich und werden finster empfangen,
unter soldatischem Apparat mit gezückten Säbeln. Sie laden
ihn nach Moskau ein. Der Patriarch ist darunter; er entsetzt
ihn seiner Würde. Ein Wink von ihm entscheidet über Tod und
Leben. Kosakenhetman." Daß an Hiobs Stelle der ihn auf
dem Zuge nach Moskau begleitende Erzbischof zu Räsan Pa=
triarch geworden sei und die Krönung vollzogen habe, war von
Schiller (S. 358 f.) angemerkt. Doch ward Hiob erst in Moskau
abgesetzt. Der Kosakenhetman, gegen den Demetrius seine Strenge
bewies, war wohl Rasin. Vgl. S. 93. Hier sollte etwa auch
die überlieferte Verurtheilung des Knäs Schouisky stattfinden,
der an seiner Abkunft zweifelte (S. 358); wirklich erfolgte diese
erst in Moskau.

Neunter Auftritt. Unter dem vor dem „Einzug" er=
folgenden „Auftritt in Moskau" (S. 588) kann nur die Gewalt=
samkeit gemeint sein, wie die Bojaren die Kinder des Boris aus
dem Palaste rissen. Ausdrücklich ist S. 564 bemerkt, schicklich
werde der Einzug durch eine Gewaltthätigkeit an der Familie

---

*) „Was verlangst du von mir?" wird durch Anführungszeichen als Rede
der Marfa bezeichnet. Demetrius fährt fort: „Erkenne mich vor dem Volk. Es steht
draußen mit gespannter Erwartung. Folge mir zu ihm. Gib mir deinen Segen.
Nenne mich deinen Sohn und alles ist entschieden. Ich führe dich in den Kremel
ein zu Moskau". Marfas abgebrochene Erwiderung sollte beginnen: „Ich soll dich,
der mir fremd ist, der".

110   II. Entwicklung der Handlung.

des Boris eingeleitet, welche ausgeschickte Kundschafter berich=
teten. Man gab vor, durch Abgesandte des Demetrius seien
Feodor und dessen Mutter ermordet worden. Die Kundschafter
brachten die Nachricht wohl nach Tula, nicht nach dem Orte, wo
Demetrius vor dem Einzuge in Moskau eine kleine Meile vor
der Stadt lagerte. Seinem jetzt erwachten Mißtrauen war eine
solche Aussendung von Kundschaftern vor dem Einzuge durch=
aus gemäß.

  Zehnter Auftritt. Einzug in Moskau. Aus Müller
hatte sich Schiller angemerkt (S. 358), daß dabei Zuschauer auf
den Thoren und Dächern gewesen, und als Szenerie bestimmt:
„Die Schiffbrücke, über welche eine Ehrenpforte, eine lange
Straße hinab gemalte Zuschauer, Kopf an Kopf, ebenso auf
Fenstern und Dächern", worauf er später (S. 564) hinweist.
Von dem Krönungszuge in der Jungfrau soll der Zug sich
dadurch unterscheiden, daß die den Russen freundlichen Polen
und Kosaken ihn anführen, viele reichgeschmückte Pferde dabei
erscheinen, der Zar selbst reitend voranzieht, alles überhaupt
mehr kriegerisch ist. Eine Beschreibung des Zuges fand Schiller
bei Müller S. 279. Darnach kamen erst Trompeter und Pau=
ker, dann einige Fahnen polnischer Lanziers und einige Regi=
menter Musketiere, darauf erst einige Fahnen russischer Reiterei;
den Schluß bildeten Kosaken und die von seinem angeblichen
Vater Iwan Wasiliewitsch errichteten Strelzi (Strelitzen). Der
Zug ging über die Schiffbrücke durch das Flußthor. Auch Marfa
muß mit eingezogen sein, da der Dichter die Zusammenkunft mit
ihr nicht erst nach Moskau setzte. Der Einzug sollte nach Schiller
„durch ein Ereigniß unterbrochen werden", ohne Zweifel das,
was am Schlusse des dritten Aktes S. 519 erwähnt wird:

Dritter Akt neunter und zehnter, vierter erster Auftritt. 111

„Axinia, die sich zu den Füßen der Zarin Marfa vor der Brutalität der Polen rettet." Hier kommt Demetrius zuerst mit ihr zusammen. So ward die Liebe zu Axinia, die zu allem Unglück des Demetrius hinzutritt, schon hier angedeutet. Müller berichtet (S. 275), Demetrius habe die schöne Prinzessin durch seine Abgesandten schonen lassen und sie sei vorläufig ins Haus des Fürsten Mojalskoi gebracht worden. Unter den Dekorationen des vierten Aktes wird S. 573 nach der Schiffbrücke eine „Höhle" angeführt. Sollte Axinia in eine solche vor den Polen (oder Kosaken) sich geflüchtet haben?

Vierter Akt.*)

1. **Monolog im Kreml.** Einen solchen, ähnlich dem des Fiesko III, 2 beim Blicke auf Genua, nehmen wir hier an nach der Andeutung der freilich früher entworfenen, für die Bearbeitung der Geschichte des Demetrius sprechenden Gründen (S. 369. oben S. 21), der Angabe der Hauptszenen S. 582 und der Auftritte S. 585. In dem Szenarium wird er freilich nicht erwähnt. Doch deutet auf ihn schon die Dekoration des Balkons (S. 573); die Aufzeichnung der Dekorationen fiel so frühe, daß unter ihnen ein Leichenzug des Boris erwähnt wurde. Demetrius ist nun an das Ziel seiner kühnsten Wünsche gelangt, er ist als Zar in die alte Burg eingezogen, aber die reine Freude und Begeisterung, die ihn bis Tula begleitet hatte, ist von ihm gewichen, er fühlt sich als Betrüger und seine Seele verdüstert, so daß sie ihn zu tyrannischer Willkür treibt; dazu wird er von

---

*) Als Inhalt desselben wird S. 513 die Liebe zu Axinia angegeben, welche den Raum zwischen dem Einzug und der Ankunft der Marina ausfülle.

II. Entwicklung der Handlung.

den Polen und Kosaken, die ihm zur Herrschaft verholfen, beherrscht. Die Russen, die er auch durch seine Neuerungen sich abwendig gemacht, sind unwillig, und nun hat ihn auch noch die leidenschaftliche Liebe zu Axinia ergriffen, die er trotz seines Verlöbnisses mit der durch ihre Partei ihn beherrschenden Marina zur Zarin erheben möchte. Er fühlt den Schmerz unglücklicher Liebe bei der höchsten Gewalt (S. 513); denn nicht gemeine Begierde, wie die Geschichte berichtet (Müller S. 274. 288), hatte zum erstenmal seine Seele ergriffen; die Huldigung, die er der Marina, der Tochter seines Herrn, brachte, war ganz anderer Art gewesen und wurde von dieser nur schnöde ausgebeutet.

Zweiter Auftritt. Despotisches Auftreten. Schiller hatte diesen Auftritt wohl noch nicht bestimmt festgesetzt. In dem Abschnitt „Demetrius als Zar im Kremel" lesen wir (S. 565): „Mehrere Actus der höchsten Gewalt kommen vor, die sehr ins Despotische fallen. Herrscher und Sklaven. Zar und Bojaren. Diak. Rynda (vgl. oben S. 102). Strelzi. [Die von ihm beleidigten Strelitzen (vgl. S. 356. 361), von denen ein Corps de garde nach S. 379 vorkommen sollte.] Margaret. Gebrauch von den Zarischen Schätzen." Statt „Margaret" ist „Margeret" zu lesen und der Franzose Jacques Margeret zu verstehn, der schon bei Boris gedient hatte und unter Demetrius als Hauptmann der Trabanten stand, der spätere Vertheidiger der Echtheit des Demetrius (Müller S. 182 f.). Ganz zurücktreten Basmanow, der wirklich sich für seinen neuen Herrn opferte, und Soltikow, der nach Schillers früherm Plane (vgl. S. 565 f.) fallen sollte, während er sich dem Uebermuthe der Polen widersetzt, ja er sollte sterbend dem Demetrius bekennen, daß er den Tod als Strafe für seinen Verrath an Boris be=

Vierter Akt erster bis siebenter Auftritt.

trachte. Körner hat dies auch unter die Szenen des Stückes aufgenommen, da es doch offenbar zu den manchen Zügen gehört, die später bei genauerm Entwurf des Szenariums sich nicht einfügen ließen. In keinem Szenarium findet sich eine solche Aufopferung Soltikows und auch in der Aufzählung der im Stücke Umkommenden (S. 588) fehlt er.

Dritter Auftritt. Demetrius sucht Axinias Liebe zu gewinnen, die ihn aber als Verderber ihrer Familie verabscheut, ihn für einen Betrüger hält und den jungen Romanow liebt. Vgl. S. 512 f.

Vierter Auftritt. Demetrius denkt daran, sein Verlöbniß zu lösen und mit tyrannischer Gewalt die Axinia zu seiner Gattin zu machen, um seine leidenschaftliche Liebe zu befriedigen, und durch die Verbindung mit ihr sich auf dem Throne mehr zu befestigen. Vgl. S. 513. Aber schon droht Marinas Ankunft. An eine Berathung mit Hiob über die Auflösung seiner Verlobung (S. 565) kann Schiller wohl nur augenblicklich gedacht haben, da dieser Anhänger des Boris ihm schon deßhalb verhaßt war, weil derselbe ihn als Mönch gekannt hatte.

Fünfter Auftritt. Während er auf seine neue Verbindung sinnt, meldet ihm Odowalsky die Ankunft Marinas, der er entgegengehen muß.

Sechster Auftritt. Unzufriedenheit der Russen (der Kaufleute, Bojaren und Strelitzen), durch Schuiskoi geschürt. Die Versammlung wird durch Polen gestört. Vgl. S. 516. 520. 566. Es ist von Marinas Ankunft die Rede, welche von einer ungeheuren Zahl bewaffneter Polen begleitet gewesen, was die Russen nur noch mehr beunruhigt. Vgl. S. 361. 555. 557. 566.

Siebenter Auftritt. Demetrius und Marina, die ihre

114   II. Entwicklung der Handlung.

Kälte zu verbergen sucht (sie weiß durch Odowasky von seiner Liebe zu Axinia), und auf Beschleunigung der Hochzeit dringt. Achter Auftritt. „Romanow unkenntlich und verkleidet, kommt, die Axinia suchend." S. 520, wo dies vor die Ankunft der Marina gesetzt wurde. Daß Romanow sie vergebens vertheidigt, als man sie und Feodor aus dem Palast gerissen (S. 519), war nur ein augenblicklicher Gedanke. Im Szenarium S. 588 wird der Auftritt durch „Romanow verhüllt" bezeichnet. Daß er schon gefangen genommen worden, wird nicht angegeben.

Neunter Auftritt. Axinia wird während der rauschenden Anstalten zur Vermählung auf Marinas Geheiß oder von ihr selbst gezwungen, den Giftbecher zu trinken. „Ihr schöner Tod. Sie fürchtete ein größeres Uebel; sie fürchtete zur Gemahlin des Betrügers durch Gewalt zu werden. Mit Freuden nimmt sie den Giftbecher aus der Hand ihrer Feindin oder des von ihr Gesendeten. (‚Bringst du mir den Tod? O sei willkommen! Ich fürchtete, es sei die Zarenkrone.')" S. 520.

Zehnter Auftritt. „Demetrius mit zerrissenem Herzen [da er den Tod Axiniens vernommen], muß der Marina zur Trauung folgen, die eine kalte Furie ist." S. 520. Als besonderer Auftritt, der kaum gefehlt haben kann, wird dies S. 588 nicht bezeichnet. Darauf werden S. 520 noch die Insolenz der Polen gegen die Russen und den Zaren selbst und die Verschwörung der Bojaren genannt.

Elfter Auftritt. „Romanow im Gefängniß. Er hat die Erscheinung von der Axinia und wird zum Throne berufen. Er soll ruhig das Schicksal reifen lassen und sich nicht mit Blut beflecken." S. 520. Also eine ähnliche Erscheinung wie die Klärchens in Goethes Egmont, die Schiller vor so vielen Jahren als eine Störung der Wirklichkeit getadelt hatte. Vielleicht sollte einmal der Genius, der S. 575 unter den „interessanten Figuren" aufgeführt wird, dem Romanow die Zukunft eröffnen. Vorübergehend hatte Schiller angemerkt: „Entweder erscheint ihm der Geist der Axinia oder ein Seher, ein Eremit, ein heiliger Mann gießt Balsam in seine Wunde und eröffnet ihm die Zukunft" (S. 557). Noch weniger bedeutet die Angabe S. 582: „Die Rebellion. Romanow ein Hauptanführer." Von Körners Szene: „Kurz nachher wird er zur Theilnehmung an der Verschwörung aufgefordert; er lehnt es ab", finde ich bei Goedeke keine Spur, außer der Bemerkung S. 557, er werde in eine Verschwörung gegen Demetrius gemischt, und eine solche Versuchung ist an sich unwahrscheinlich. So werden wir also in dem Augenblick, wo das Reich der schlimmsten Verwirrung entgegengeht, mit der Versicherung beruhigt, daß ein höherer Geist über ihm walte und es nach längern Leiden wieder das Glück genießen solle, von einem edlen einheimischen Zaren beherrscht zu werden.

Fünfter Akt.

Erster Auftritt. „Demetrius nach geschehener Trauung. Marina schmeichelt ihm; sie gesteht ihm, daß sie ihn nicht für den Iwanowitsch hält und nie dafür gehalten. Dann läßt sie ihn allein." S. 520.*)

---

*) In der dortigen Angabe der Akte ist der Beginn der vier ersten durch die voranstehende römische Zahl bezeichnet dagegen steht vor dem fünften ein bloßer Trennungsstrich, und es kann nur auf Versehen beruhen, wenn hier zweimal am Rande die Zahl 4 steht, erst bei dem Auftritte im Zimmer der Marfa 5.

116   II. Entwicklung der Handlung.

Zweiter Auftritt. Monolog des Demetrius. „Er bleibt allein und sucht sich zu betäuben." S. 520. Jetzt, wo er allen Halt in sich verloren, fehlt ihm auch jeder theilnehmende Freund; seine Gattin hält sich an die durch ihn erlangte Macht und stützt sich auf die Polen, wodurch die Russen immer mehr gegen ihn aufgereizt werden. Das, was ihn allein halten könnte, die Anerkennung Marfas, darf er kaum erhoffen. Auch Soltikow glaubt nicht mehr an seine Abkunft von Iwan, aber er hält an ihm fest, weil er nicht zum zweitenmal zum Verräther an seinem Vaterlande werden will, und leistet den Polen Widerstand. Daß dieser ihm selbst den Untergang bringen soll, wird S. 565 f. angedeutet, und von Anfang scheint es Schiller vorgeschwebt zu haben, daß dessen Reue über seinen Verrath (er bezeichnet ihn S. 585 als Anhänger) ihn zu einem anziehenden Charakter machen solle. Vgl. S. 549. Aber in Schillers Szenarien und Entwurf finden wir keinen Haltpunkt für sein späteres Auftreten, ebensowenig für die Aufopferung Basmanows (vgl. oben S. 108), an dessen Stelle ein junger Freund aus Sambor tritt.

Dritter Auftritt. Demetrius und Kasimir, der Bruder der liebevoll an ihm hängenden Lodoiska, der Tochter des Kastellans zu Sambor. Die Einführung desselben war dadurch schwieriger, daß der erste in Sambor spielende Aufzug wegfiel, an dessen Schluß Lodoiska diesen zum persönlichen Schutz ihm mitgab. Vgl. S. 52. Auf eine rührende Art sollte sich Lodoiskas zarte Neigung hier in seiner Seele auffrischen, sein damaliger „dunkler, hoffnungsreicher Zustand eine rührende Sehnsucht und eine schmerzliche Vergleichung" in ihm wecken (S. 513 f.). „Er frägt den Kasimir nach jenem Jüngling, d. i. nach sich selbst, als ob er eine fremde Person wäre: so unähnlich fühlt er sich selber

Fünfter Akt zweiter bis fünfter Auftritt.

und so viel hat er indessen erlebt, daß jene Tage ihm nur noch im Dämmerlicht zu liegen scheinen. An diese süßen, schmelzenden Erinnerungen knüpft sich hart und schneidend die furchtbare Gegenwart, die Gewalt ohne Liebe, die schwindlichte Höhe ohne Ruhe, kurz seine volle Zarsmacht an, und die Grausamkeit packt schnell wieder seine gequälte Seele." Schwerlich würde das letztere in unserm Gespräche ausgeführt worden sein.

Vierter Auftritt. Die russischen Verschworenen unter Schuskoi, den er begnadigt hatte, obgleich er nach seiner Kenntniß offen geleugnet, daß er der Zarewitsch sei, dringen ein. „Ausbruch der Verschwörung. Man irrt sich anfangs über die Ursache des Tumults. Flüchtige Polen hereinstürzend rufen: ‚Rettet euch!' Demetrius entspringt mit dem Degen. Verschworene stürzen herein, suchen ihn. Lodoiskas Bruder opfert sich für ihn allein auf, da alle übrigen nur auf ihre Rettung sinnen." S. 520 f. Von Müllers Bericht über die am 17. Mai in aller Frühe ausbrechende Verschwörung (S. 347 ff.) konnte Schiller wenig brauchen. Basmanow opferte sich für ihn. Als Demetrius seine Trabanten, sämmtlich Ausländer, um sich fallen sah, floh er in die hintersten Zimmer und beim Sprung aus dem Fenster brach er ein Bein. Strelitzen brachten ihn auf ein Zimmer, wo ihn Schuiskoi und die Bojaren befragten, wer er sei. Er berief sich auf seine Mutter.

Fünfter Auftritt. Im Zimmer der Marja. Marja und Demetrius. „Die Szene versetzt sich in ihr Gemach, und sie ist im Gespräch mit einigen Kammerfrauen, wenn Demetrius hereintritt. Der Lärm des Aufruhrs hat sich schon bis zu ihr verbreitet und eben davon ist die Rede, wenn der Zar erscheint. Durch was für Gründe kann er sie zu bewegen suchen, ihn an=

II. Entwicklung der Handlung.

zuerkennen? Es müssen andere sein als die im vorhergehenden Akt bei ihrer ersten Zusammenkunft; besonders aber ist jetzt alles dringender, mächtiger, passionirter. Er sucht sie in Furcht zu setzen, in Furcht vor seiner Verzweiflung und in Furcht vor den Russen, welche ihr den alten Betrug nicht verzeihen würden. Sie müsse ihre erste Erklärung behaupten oder sie sei verloren.*) Er darf sich vor ihr demüthigen, weil sie doch einmal den Charakter seiner Mutter trägt, aber auch in dieser Demuth bleibt er furchtbar durch seine Verzweiflung. Er hat eben nur Zeit, seine Aufforderungsgründe auszusprechen, da stürzen schon die Feinde ins Zimmer. Marfa hat noch nicht Zeit gehabt, sich über ihren Entschluß zu erklären. Demetrius dürfte in dieser Szene ganz offen mit der Sprache herausgehen und der Marfa erzählen, wie er selbst getäuscht worden. Dadurch erweckt er Mitleiden und rekapitulirt zugleich die Hauptmomente der Handlung. Auch wird sich diese Szene dadurch desto mehr von seiner ersten, die er mit ihr gehabt, unterscheiden." S. 567 f.

Sechster Auftritt. Eindringen zweier Rebellenhaufen nacheinander. Demetrius wird von Schuiskoi getödtet, da Marfa ihn nicht für ihren Sohn anzuerkennen vermag. Müller berichtet (S. 356): „Der Fürst Wasilei Jwanowitsch Schuiskoi gab sich selbst die Mühe, mit noch einigen andern Bojaren nach dem Wosnesenskoi=Kloster [dort, nicht im Kreml, hatte Marfa ihre Wohnung] zu gehen. Sie bezeugte aber, daß sie diesen Betrüger bisher nur aus Furcht, und weil er sie auf das äußerste zu verfolgen gedachte, wenn sie solches nicht thäte, für ihren Sohn er-

---

*) Es wird angenommen, daß sie im Kloster erklärt, sie glaube, daß er ihr Sohn sei, oder der Auftritt bei Tula und daß sie ihm gefolgt ist, wird als Bekenntniß gefaßt.

kannt habe. Ihr wahrer Sohn sei zu Uglitsch ermordet worden." Seine Bitte, vor dem Volke ein öffentliches Bekenntniß abzulegen, erhörte man nicht. Ein Kaufmann (Mulnik) sprang hervor und schoß ihm eine Pistole durch die Brust. Schiller wollte diesen Auftritt dramatisch wirksamer machen. S. 569 f.: „Demetrius bringt die wüthenden Rebellen durch seine Majestät und Kühnheit auf einige Augenblicke wirklich zum Schweigen. Ja, er ist auf dem Punkt, sie zu entwaffnen, indem er ihnen die Polen preisgeben will. Wirklich ist es mehr ihr Haß gegen diese als gegen ihn, was sie zum Aufruhr brachte. Die Macht des Herrscheransehens, das Imposante, das in der Ausübung der höchsten Gewalt liegt, kommt hier zum Vorschein. In den Vorwürfen der Rebellen prädominirt der Unwille gegen die Polen, und dies benutzt Demetrius mit Besonnenheit; er affektirt gemeine Sache mit seinen Russen gegen jene zu machen. Strelzi und Kaufleute machen den Rebellenhaufen. Einer von denselben gibt schon nach und thut eine solche Frage an Demetrius, welche eine Komposition erwarten läßt. Marfa darf jedoch in dieser Szene nicht zu müßig stehen oder die Szene müßte sehr kurz dauern. Demetrius kann sich auf sie berufen, er kann sie zur Bürgin seiner Versprechungen machen. Wenn Demetrius schon auf dem Punkt steht, die Rebellen herumzubringen, so dringt Zusky herein*), den eine wüthende Schar begleitet. Darunter sind Popen.**) Er fordert von der Zarin eine kategorische Erklärung und läßt sie das Kreuz darauf küssen***), daß

*) Es ist hiernach eine ähnliche Szene wie in Wallensteins Tod III 15. 16, wo Buttler alles verdirbt.
**) Den Hauptbestandtheil sollten wohl Bojaren bilden.
***) Schiller hatte sich dies aus Treuer als „eine friedliche Bekräftigungsformel" (S. 829) angemerkt.

120   II. Entwicklung der Handlung.

Demetrius ihr Sohn sei. Jetzt scheint sie sein Schicksal in ihrer Gewalt zu haben; alle sehen auf sie. Aber eben das Zutrauen zu ihrer Wahrhaftigkeit, dieses pflichtmäßige Religiose, macht es ihr unmöglich, gegen ihr Gewissen zu sprechen. Beide Theile reden ihr zu. Demetrius sagt, sie soll sich nicht fürchten, ihn zu erkennen. Zusky sagt, sie soll sich nicht fürchten, ihn zu verleugnen; man wisse wohl, daß sie ihn nur aus Ueberredung oder Furcht anerkannt habe. Während ihres Schweigens, welches schon allein Zeugniß genug ist, steigt die Erwartung aufs höchste. Der Palast*) füllt sich zugleich immer mehr an; Waffen sind auf das Herz des Demetrius gerichtet. Anstatt zu antworten, geht sie ab**) oder zieht ihre Hand zurück, welche Demetrius festhielt.***) Einer der Anwesenden bemerkt sehr richtig, daß ihr Stillschweigen ihn schon hinlänglich verurtheile; wäre sie seine Mutter, glaubte sie's nur möglich, daß sie's wäre, sie würde ihm gewiß ihre eigene Brust zum Schilde vorhalten. Wenn sie sich abgewendet, so ruft einer: „Ha, Betrüger! sie schweigt, sie verwirfst dich. Stirb, Betrüger!" Alle. ‚Verräther, stirb.'"†)

Siebenter Auftritt. Marina, die zu Marfa sich flüchtet, entgeht dem Tode, indem sie die Schuld auf den Gemordeten wirft und sich loskauft. Schiller fand berichtet (Müller S. 352),

---

*) Vielmehr das Zimmer der Zarin.
**) Ein nicht weiter berücksichtigter Einfall, der sich freilich nicht empfahl.
***) Hier wird ebenso wenig wie in der Angabe des fünften Aktes S. 521 angegeben, wer ihn erstochen. In dieser heißt es: „Zusky tritt herein, schilt ihn einen Trugner. Marfa, mit ihm konfrontirt, besavouirt ihn. Er wird erstochen und fällt edel." Letzteres deutet darauf, daß er nicht ohne Bekenntniß, daß er betrogen worden, und ohne den Ausdruck seines Bedauerns über den angerichteten Schaden sterben wollte.
†) Auch letzteres blieb darauf unbeachtet.

Fünfter Akt sechster und siebenter Auftritt.

daß man sie noch vor dem Tode ihres Gatten in ihrem Zimmer aufgesucht, wo sie sich unter dem Rocke ihrer Hofmeisterin verborgen. Nach Beendigung des Aufruhrs sei sie zum Vorschein gekommen und am folgenden Tage unverletzt zu ihrem Vater gebracht worden, der den Godunow'schen Palast bezogen hatte. Schillers Szenarium S. 588 schließt das Stück mit dem sechsten Auftritt; andere (S. 576. 579. 583 f.) gedenken noch eines unbestimmt gelassenen Schlusses, eines (S. 551) hat vor diesem noch einen besondern Auftritt: „Marina rettet sich." Damit stimmen die Angaben der Akte S. 521 und der Handlung S. 570. An ersterer Stelle heißt es. „Marina soll ihm [dem Demetrius] nachgesendet werden; sie entzieht sich verschlagen dem Tode." Ausführlicher spricht sich hier der Entwurf der Handlung aus. In diesem heißt es: „Auch das Schicksal der Polen und besonders der Marina muß entschieden werden. Marina wird von den Russen verfolgt, aufgesucht und flüchtet sich auch zur Marfa, wo sie eine andere Schar wüthender Feinde findet. Zwischen diesen zwei Feuern befindet sie sich in der augenscheinlichsten Gefahr, aber ihr Muth verläßt sie nicht. Sie steht keinen Augenblick an, dem Demetrius zu entsagen, und stellt sich, als wenn sie selbst aufs unglücklichste durch ihn getäuscht worden. Sie macht gleichsam gemeine Sache mit den Russen gegen ihn, und sucht als ein unglückliches Opfer dieses Betrugs Mitleiden zu erregen. Sie erregt es zwar nicht, aber ein Lösegeld, das sie für ihr Leben verspricht, die Aufopferung ihrer Kostbarkeiten, die angedeutete Drohung polnischer Rache ꝛc. besänftigen die Rebellen, welche durch den Mord des Demetrius schon überhaupt mehr abgekühlt sind. Zusky meint, es sei mit einem Opfer genug, und besiehlt das Blutbad zu endigen. Ihm ist jetzt darum zu thun, Ruß-

II. Entwicklung der Handlung.

lands Thron zu besteigen, welches er von ferne einleitet, und die Aufrührer wegruft, um an die neue Zarswahl zu denken. Die Insignien der Zargewalt [Kleid, Krone und Szepter], welche Demetrius besessen, bleiben in Zustys Händen."
Achter Auftritt. Schluß. Monolog eines Kosaken. S.570: „Wenn alles hinweg ist*), so kann einer von der Menge zurückbleiben, welcher das Zarische Siegel sich zu verschaffen gewußt hat oder zufällig dazu gelangt ist.**) Er erblickt in diesem Fund ein Mittel, die Person des Demetrius zu spielen, und gründet diese Hoffnung noch auf manche anderr Umstände. 1) das Interesse der Polen, die bürgerlichen Unruhen in Rußland zu verlängern, 2) die Gesinnungen der Kosaken, 3) den Mangel eines gesetzmäßigen Prätendenten, 4) das Glück des ersten Demetrius, 5) die Gesinnung der Marina***), 6) die Schwierigkeit, den Tod des ersten Betrügers in der Folge zu beweisen. Dieser Monolog des zweiten Demetrius kann die Tragödie schließen, indem er in eine neue Reihe von Stürmen hineinblicken läßt und gleichsam das Alte von neuem beginnt. Der Mensch ist ein Kosak von verwegenem Muth, der schon vorgekommen†), und der sich zu einem kecken Abenteuer und zur Glücksritterschaft geschickt angekündigt hat." Diesen Schluß des Stückes hatte Schiller sich

---
*) Marfa wird schon nach der Ermordung des Demetrius sich entfernt haben.
**) Er konnte es bei der Leiche finden.
***) Die er für seinen Betrug zu gewinnen hofft, wie es bei dem Nachspieler des zweiten Demetrius wirklich der Fall war, den Marina als ihren wirklichen, glücklich geretteten Gatten anzuerkennen und mit ihm zu leben die Unverschämtheit hatte, wie es Schiller bei Levesque ausführlich erzählt fand.
†) Nach dem Schiller und Goethe gemeinsamen Grundsatz, möglichst am Schlusse keine Person vorzuführen, die der Zuschauer nicht schon kenne.

Fünfter Akt siebenter und achter Auftritt.

schon früher gedacht. Vgl. S. 333. Ein Kosak war der Peter Fedrowitsch, der sich für einen Sohn Feodors ausgab. (Schiller S. 360), aber nicht der zweite falsche Demetrius, dessen Geschichte Schiller bei Levesque fand. Den in nächster Zeit drohenden Stürmen gegenüber, in welchen Marina und später der König von Polen eine Rolle spielen sollten, haben wir schon am Ende des vierten Aufzugs die Gewißheit erhalten, daß ein dem Stamme Rurik verwandtes Geschlecht dem Reiche endlich wieder Ruhe und Stärke unter heimischen Fürsten verschaffen werde.

So hatte Schiller die dramatische Handlung bis ins einzelste mit großem dramatischen Geschick, mit feinster Berechnung der Wirkung und gewissenhafter Benutzung aller zu seinem Bilde passenden überlieferten Züge erfunden, und er würde diese großartige russische Tragödie von dem betrogenen Betrüger, der, seit er sich als Betrüger betrachten muß, eine tief tragische Gestalt geworden, wenn auch mit einigen Aenderungen und genauester Durchsicht und Ausfeilung des schon Gedichteten vollendet haben, hätte nicht die überhand nehmende Schwäche den Lebensfaden von Deutschlands genialem, durch Kunstübung und Kunsteinsicht lebendig ausgebildeten Dramatiker vorzeitig abgeschnitten. So wenig ist die flache Redeweise gegründet, es würde Schiller bei längerm Leben keine bedeutende Leistung mehr gelungen sein, daß gerade die Tragödie, über welcher er hinschied, an Großartigkeit, Kunstverstand, dichterischem Feuer, äußerm und innerm Glanze keiner seiner frühern gewichen wäre, sie zur Jungfrau und zum Tell ein würdiges Gegenstück gebildet hätte. Ueber den Reichthum an tragischen, ergreifenden, lebhaft zu den Sinnen sprechenden Handlungen und bedeutenden Charakteren hat er

II. Entwicklung der Handlung. Schluß.

sich selbst ausgesprochen (S. 17 ff.). Wir haben gesehen, wie er alles zu seinem Zwecke Dienliche auf das feinste zu entwickeln, es in bewegtes Leben umzusetzen und die über eine lange Zeit und einen weiten Raum verbreitete Handlung zu einem selbständigen, leicht überschaulichen Ganzen zu gestalten, durch den alle beherrschenden, scharf ausgeprägten und zu tragischem Untergange gedrängten Charakter des Demetrius zu einer organischen Einheit zu verbinden, uns auch in die Oertlichkeit und das Leben der vorgeführten Völker schöpferisch zu versetzen wußte. Leider sollte die Ausführung so vieler glücklich gedachten Auftritte dem Dichter nicht gestattet sein, und was andere Nachdichter von Franz von Maltitz (1838) bis Heinrich von Zimmermann (1885) geliefert, kann trotz der anerkennenswerthen Begabung dieser Dichter umsoweniger als ein Ersatz gelten, als ihnen meist, abgesehen davon, daß sie nicht wußten, was an der dichterischen Fabel des deutschen Dichters Eigenthum ist, nach den nicht ausreichenden Mittheilungen Körners Schillers Absicht nicht ganz klar war, die auch aus Goedekes vollständigem Abdrucke der Demetriuspapiere nur nach einer bisher noch nicht versuchten einsichtigen Zusammenstellung sich ergiebt, die uns den Werth dieser, wenn auch nicht vollendet ausgeführten, doch viel mehr als einen bloßen Torso bietenden Dichtung voll erkennen läßt.

Druck von Emil Stephan, Plagwitz-Leipzig.